新未来

———— 想象，比知识更重要

幻象文库

语言迷宫

The Language Hoax
WHY THE WORLD LOOKS THE SAME IN ANY LANGUAGE

John H. McWhorter

[美]约翰·H.麦克沃特
————著
荣雷
————译

新星出版社　NEW STAR PRESS

致德莱尔

目录 content

引言 _001

第二章
可以两者通行吗? _039

第一章
研究表明 _013

第三章
文化的空白 _067

第四章
轻视中国人? _081

第五章
英语的世界观 _111

第六章
对人性的尊重 _145

注释 _177

引言

这本书是一个宣言。我反对一种有关语言的思想,从 20 世纪 30 年代起一些学者就对这种思想确信不疑,近年来它在公共讨论中也获得了不小的影响,影响之大有点儿令人意外。这一思想的内容即人类的语言引导了其思考和认识世界的方式。

你可能对它已经很熟悉了。比如在你过去十年的阅读记忆中,亚马孙族人被描绘成不能做数学运算——因为他们的语言里没有数字。或者你可能读到过有的人群用同样的词表达绿色和蓝色,在我们的想象中他们不能像我们那样真切地感知树叶和天空颜色的差异。这整个思想是语言学界、人类学界和心理学界不断宣传出来的,盖伊·多伊彻(Guy Deutscher)《话/境》一书的副标题《世界因语言而不同》就是这样一个典型的营销用语。

这个观点无论对错,都很令人着迷。只要想一想——人如其言,言如其人。

这在一定程度上当然是对的。对语言承载思想这一理论的主要理解就是一门语言的词汇和语法并不是无缘无故地凑合起来的,而是某种文化的软件。没有人可以否认这是有一定道理的。比如泰语里，礼节的七种等级决定你需要用不同的词，你不用就不是泰国人，除非你还是孩子或者刚学泰语。如果认为这与泰国过去和现在社会阶层高度分化的特质没有关联的话，就有些匪夷所思了。

词汇反映文化意味，不仅仅体现在技术领域或俚语、俗语这些显而易见的地方。比如说对于计算机零件我们有自己的叫法，或者在约会之类的社交场景中用些俗语粗话，人们很少会觉得好奇。但越是寻常的东西在表象之下的寓意往往更丰富。有一次我住在巴哈马的一个酒店时，注意到一只很可爱的猫在外面跑来跑去。当时和我在一起的一个加勒比海人说："哦，那肯定是一个酒店猫(hotel cat)。"意思是指大概就住在附近、充当非正式吉祥物的猫。我从来没有听过"酒店猫"的说法。我自己怎么也不会想到把"酒店"和"猫"这两个词放在一起，实际上对我来说住酒店体验的精华部分应该是没有猫的存在吧。

然而我的朋友提及的酒店猫说明猫类和酒店的关系是因地而异的。甚至他说时的一个细节也透露出他所指的是一种根植于文化的东西：他说这个词时的重音不在"猫(cat)"上，而是在"酒店(hotel)"上。如果你注意到这一点，第二种发音方式其实说明酒店猫成了大家口中的"潮流，时尚（a thing）"。想想我们现在怎么说冰激凌（ice cream），重音在冰（ice）上面，而不是在激凌（cream）上，它刚出现时我们是这么叫的。或者蜂窝移动电话（cell phone）——重音在cell（蜂窝）上，而不是电话（phone）上，我记得20世纪90年代早期人们就是这样叫的。在双词组合中，当表达的事物变成"潮流(a thing)"，即被广泛接受时，重音往往又会转移回去——这就是文化！我从那个加勒比海人的表达中（——他说的还不是异地语言），了解了酒店的吉祥物猫也是当地文化的一部分。

但是比起说这种语言的人所认为的"潮流，时尚"的内涵，"语言如思想"理念所指的含义要丰富得多。我们设想一种语言的语法运作机制以及用词汇指称日常的物品和概念的机制，塑造了说这种语言的人体验生活的方式，这种影响远远不止在尝尝点心和用用小工具上。酒店猫——就酒店猫吧，但如果一种语言给了你完全不同于任何我们自发想象的东西的时间感，即便我们是从巴哈马来的，又该如何理解呢？

* * *

这之所以变成现在关心的问题，是因为本杰明·李·沃尔夫 (Benjamin Lee Whorf) 于20世纪30年代提出了美洲土著语言霍皮语 (Hopi) 完全没有表示时间的方式——没有时态标记，没有类似"以后（later）"这样的词——而这对应了霍皮族人的时间观和世界观。沃尔夫指出，英语中特别计较事情是发生在过去、现在还是将来，而霍皮语则正相反，没有现在、过去和将来。在沃尔夫看来，对霍皮族来说过去、现在和将来在本质上是一样的，符合霍皮宇宙观中时间的周而复始性。因此霍皮语里没有相当于英语中"走、走过、要走"的区分并非偶然：它是思维方式的不同。是文化。在霍皮语里，无论是昨天、明天还是当下，你"走"就是了。

沃尔夫曾经的工作是消防督查，可能正是因为从圈外进入语言学研究领域，使他比正规的语言学家更可能具有跳出框架思考的眼光。由于沃尔夫在语言学领域的开创性地位，他的整个思想被称为沃尔夫主义或萨丕尔-沃尔夫假说。爱德华·萨丕尔（Edward Sapir）曾是沃尔夫的导师，他也认为这一理论有说服力。很多学者也把这个理论称作语言相对论和语言决定论。

无论叫什么名字，认为语法可以引导人们把时间想成是循环性的理论都是很诱人的，即使是喂得饱饱的酒店猫也会想大快朵颐，或者对一个大学生来说也非常有吸引力，我曾经就是其中一员。1984年时我尝到了这种霍皮语言人类学的滋味，而现在，除了还记得我们读过一部分《最后的莫西干人》以及教那门课的老师长得像歌手汤姆·佩蒂，看上去莫名的忧伤以外，它是我对那门课唯一还记得的东西。

但沃尔夫并不忧伤，他有他的目的，其本身还是值得称赞的。他想要表明的是，那些在他那个年代即使是受过教育的人也被不屑地称为"野蛮人"的族群，其心智发展和西方人是相当的。在他所处的那个年代，比如《韦伯斯特新国际英语词典（第二版）》被任何像样的中产家庭视为必备，里面把阿帕切族人（Apaches）定义为"具有好斗的性格和较低级的文化"。

然而,虽然充满了良好的意图和诱人的观点,但这一关于霍皮语的构想结论是错误的。霍皮人对时间的标记和其他任何语言都没有差异,既有传统的时态标记,也有大量的诸如"已经"和"后来"的词。再者,之后几十年里学者一直试图揭示美洲土著居民因语言形成的思想过滤器而在认知上有别于西方人,但是这些努力都一无所获。

例如,在纳瓦霍语(Navajo)里有不同的表达"移动"的词,要看是一个人、两个人还是一些人在移动,这难道意味着纳瓦霍人将"移动"视作他们生存的核心概念?语言学家哈里·霍耶尔(Harry Hoijer)在20世纪60年代时就是这么认为的。他的整个学术生涯都在记录那些濒于绝迹却又纷繁复杂的语言,其意义是无价的。而作为爱德华·萨丕尔的弟子(沃尔夫也是),他对沃尔夫主义接受的程度在他那个年代的美洲土著语专家里也属常见。在研究纳瓦霍语时,他把"移动"这个动词的多样化联系到纳瓦霍人游牧民族的历史变革,甚至联系到他们神话中的人物,这些神话人物靠移动来修复波澜起伏的宇宙。

可是且慢,世界上还有很多其他的语言对"来去"和"移动"也是很讲究的,那又如何理解呢?在俄语里说"去"是那么复杂,可以写成整本整本的书,也是非母语学习者学俄语时最难搞定的事情之一。你是走着去的还是坐车去的,用的词不一样;当你搞清楚了这一点后,你去之后是否回来,用的词又不一样;另外,所有的词形都是不规则的。但是游牧在俄罗斯人的灵魂里并非那么重要，而且据我所知，他们对修复波澜起伏的宇宙也不怎么感兴趣。

然而走出晦涩的学术期刊，很容易就会忽视沃尔夫主义思想的不科学。尤其是近来，诸如丹尼尔·埃弗略特（Daniel Everett）的《别睡，这里有蛇》、多伊彻的《话／境》之类的畅销书，斯坦福大学心理学家雷拉·波洛狄特斯基（Lera Boroditsky）广为人知的研究，以及其他著作，已经在公共讨论中建立起了一个沃尔夫式模因（meme）。很容易推断出一些关于语言的很有意思的观点，比如当一种语言把性别赋予无生命的物体时，讲这种语言的人就比讲英语的人更有意地将那些物体视为男性或女性（至于如何解释被标为中性的东西我从来没有搞明白过）；又比如，俄罗斯人对深蓝、浅蓝和绿色之间的差异的认知比韩国人敏感得多，后者可以用同一个词来表示蓝色和绿色。

* * *

重要的是，语言和思想之间的联系确实是存在的。问题是这种联系是如何侵入公共讨论中的，让人联想起谣言工厂怎样把一个微小的偶然放大成风云激变。例如，新一代的学者采用比沃尔夫更加严谨的方法对有关性别和颜色的理论，以及语言和思维之间的其他交叉点进行了研究。他们的实验设计精巧，恐怕只有极端的怀疑者才会否认他们的研究显示了语言和思想之间的联系。而这些被称为"新沃尔夫派"的学者的研究说明语言对思想的作用显然是微弱的，且总体来说是次要的，大多数人认为这样的评价是公正的。并非无趣——但却是次要的。这样的结论在学术界以外很难让人兴奋起来，因而公众在这个问题上倾向于更吸引眼球的观点也不足为奇。

必须承认，多伊彻和埃弗略特的书里确实指出了语言对思想的影响是有限的，就像我们所期待的学者应有的态度一样，没有回避这个问题。他们两个都意识到沃尔夫主义的经典构想其实是很糟糕的。事实上埃弗略特的观点更多的是文化可以塑造语言——基本上是酒店猫现象的延伸——而不是语言塑造文化。而多伊彻在其书的结尾甚至写明"颜色可能是现实中最接近'语言如视镜'这一比喻的方面了"——让我们看清"语言如视镜"的证据总的来说还很难捉摸。《话／境》对早期沃尔夫主义的失败和新沃尔夫主义极其有限的成果进行了如此彻底地概括，其本质就是给一个没有开花结果的理论写的一部华丽的史书。其语言之华丽，好比美食中的法国鹅肝，但如果这不是你所好，它就只不过是美式青柠派。

但问题是，舆论和公众都想要这个理论开花结果。语言如思想，这一理念与受了现代文明启迪的美式灵魂所深刻感知到的冲动息息相关。我们厌恶民族优越感。由于我们幸运地生活在一个富裕且地缘政治上占统治地位的社会，曾经我们对世界上那么多族群犯下恐怖行径，因此几乎像自我惩罚一样，我们强调视弱势群体为平等的意识，以此弥补对世界上其他所有人的亏欠。我们西方人"太白"了——对这种文化自责哪怕是刚从1960年穿越来的西方人都会感到困惑。我们带着几分嫉妒看着世界其他地方充满生机的多元性和真实性。

于是，每种语言都是能改变思想的鸡尾酒，这一想法就变得吸引人了。我们每个人看到的颜色都五彩缤纷（"天哪，颜色，颜色！"）。想象一下所有出自我们通常很少了解的族群和每天都看到的族群中尚未被发掘的思想和观点。我们西方人已经学到了一课：我们只是芸芸众生中的一员，且不是最好的，在广袤浩瀚的宇宙空间里更远远不是最重要的。按照沃尔夫主义，每个人都有趣，每个人都重要。

受此驱使，媒体对有关书籍的宣传、书的荐读简介，以及读者因此被引导想在书中找到的（或者认为就在书中的），通常留给人的印象就是语言确实对思想有非同一般的引导作用，而且这是一个出自语言及相关学科专家们迷人的新发现。譬如，多伊彻和埃弗略特的书是公认的说明了语言对思想的塑造，而非不能下定论的谨慎小心的探究。这种错误的印象是很容易造成的。这是埃弗略特的一段告别演说："我们都拥有关于幸福的语法——那就是我们的身份和我们的文化披风。"听上去热情而令人难忘，正如前面所提到过的"诱人美食"。那个令人舒心的"披风"比喻意味着——印刻着——语言与思想之间的紧密结合，比埃弗略特本人实际认可的还更甚。

更多的人或许是通过一篇广为传播的多伊彻著作的摘要专栏文章认识他的，而非其著作本身。那篇专栏文章告诉我们，人类"获得的某些思维习惯以深刻且常常惊人的方式影响了我们的经验。"但这与沃尔夫的思想之间还有一小步距离——沃尔夫认为虽然西方语言造就了艾萨克·牛顿的洞见慧识，霍皮语的语法则揭示了科学的未来，"一种会自我调节以适应更广阔的世界的新语言"——而外行人常常看不到这一步。

当然有对此质疑的声音。比如史蒂芬·平克（Steven Pinker）在其权威性著作《思想本质》的某一章节里对新沃尔夫主义研究的戏剧性解读进行了巧妙的解析。但是，因为这只是平克著作所表达的无数观点中的一个，不如那些只聚焦在"语言如视镜"上的书和文章影响更大。

那些更大的影响并非就是不成熟的。即使是沃尔夫主义最热情的追随者也经常性地否认老式的"霍皮"版本。引用语言学鼻祖罗曼·雅各布森（Roman Jakobson）是很典型的——几乎是必须的——他的定论是"不同语言根本的区别在于它们必须传达什么，而非可能传达什么"。其含义是语言不会给说话的人戴上眼罩，来阻止他们看到他们的词汇和语法碰巧没有注意到的东西。是的，有的语言让人一定要讲性别，比如，英语的他和她；很多语言里男人和女人用同一个词。是的，还有的语言让人一定要讲社会等级，比如泰语以及所有那些说"你"的不同用法，甚至欧洲语言如法语也有熟悉的你(tu)和尊称的你(vous)之分。但是你可以用任何语言说任何东西。即使对这个话题不熟悉的人也常常自己就会提出这一基本见解。

但是在我们这个时代的文化背景下，大家如此渴望确认"语言如视镜"，引用的雅各布森这段话本身就很容易被诠释得没有雅各布森自己想要的那么温和。当然了，谁都可以什么都说——但是语言必须传达的那些东西是不是就构成了与我们迥然不同的"世界观"？我们知道所有的人都可以思考相同的东西，但又希望在某种神奇的程度上他们实际并不如此。你可能会听到说"这个问题当然是值得提出的……"——也确实被提出过了，都将近80年了，定论早就有了，但问题还没有提出的印象却挥之不去——似乎定格成这样了。

表面上看我们所着迷的问题是语言是否对思维有深远的影响。然而就这个问题被提出和报道的方式，通行的默认观点是这个问题的答案不可能是"否"。

* * *

但是，人的语言运作机制决定他们认识世界的方式这个理念是完全不合理的，甚至是危险的。因此我写这本书有两个目的。

心理学中有相反的例子，比如史蒂芬·平克的例子，我的目的之一就是用语言学上的例子来补充说明，为什么这个"语言如视镜"的理论并不像我们自然而然期待的那样站得住脚。如果我们纵览世界语言，而不是一次只观察少数几种语言，这个问题就变得很清楚。在这个理论下，沃尔夫主义让我们陷入无休止的矛盾，不知不觉地贬低世界上数十亿人类，甚至对自己的看法都变得卡通化。而新沃尔夫主义不再那么支持"语言如视镜"的理论了，这样更广阔地看待语言的视角让我们很高兴，在某种程度上说，如果他们还很支持这一理论，你很可能会认为公众最好不知情。

目的之二，不仅通过完整地展现语言的运作机制来说明"甲语言使其使用者看到和感知到与乙语言的使用者'不同的世界'"这种理论为何彻底行不通，而且最终，在追求认可"他人"智慧的基础上接纳这一理论。这一理论虽然是善意的，但是却逐渐变成了一种屈尊俯就，而语言的恢宏复杂及细微之处让这种俯就并无必要。世界上 70 多亿人中的任何一个人说出一句话，这本身就是一个奇迹，这与语言是否表示他们怎样"看世界"无关。

我们认识和赞美所谓"多元化"的冲动开始是崇高的，但很少承认这种追求变得多么危险。除了"多元化"和立体化之间惊人的细微差异外，还有少数我们今天甚至都无法与之共餐的人认为"语言如视镜"的想法很有吸引力。比如那个固执的、极端的民族主义者、德国历史学家海因里希·冯·特赖奇克(Heinrich von Treitschke)，狂热的普鲁士派、排外、反犹太主义。19 世纪晚期时他倾向于"语言之差别必然意味着世界观之不同"这样的观点。

你可以想象他用什么样的论据来表达这个观点，虽然这个观点本身直接出自沃尔夫，今天还是有很多人会赞美它为精神食粮。当然，最终，"这个问题是值得提出的……"——然而不知何故，我们宁愿冯·特赖奇克没有提出，并且发现我们自己思想上渴望找到我们所有人的相同之处。

鉴于此，我的主旨最终不是消极的。

本书的第二个目的是为了说明我们可以用别的方式来积极地认可土著族群的睿智通达：比如强调所有的人类在心智上是相似的。从世界意义上看待各种语言比这些语言揭示了6000种不同的"世界观"更能清楚地说明这一点，也将把我们引向更大的、最终更有用的真理。语言确实是一个视镜——但更多是人性的而不是人文的。原因就是如此。

第一章 _ 研究表明

我写作本书的目的是直截了当的。我们的文化中有关于"语言塑造思想"的更轰动的暗示,我想要指出其缺陷,甚至危险所在。但是在第一章里我必须竭尽所能地打消一个可能造成的误解。

也许我会被认为是排斥新沃尔夫主义的,但这不是我的意图。我把那些有关的文章找出来饶有兴致地读了。据我看来,这些文章都是悉心写成,带着令人生羡的想象力和深厚的功底。我在教学中也时常提到新沃尔夫主义的研究揭示了一些人们可能想了解的影响。

让我提出疑问的是将此研究阐释为揭示了某些我认为并不存在的人类特质的倾向。可以肯定的是,有些作者当然还有旁观者们谈论这些对研究结果的解读比实际参与实验更积极。然而这种很适合在鸡尾酒会上聊起、又受媒体欢迎、也因其跨学科而令人动心的阐释,比具体实验的细节影响大得多。因此需要对它投入和批判分析,即使是对研究本身充满了敬意。

几乎所有的书最终都会速记般地落定在公众意识中。我估计本书被引用的话也会经常被归类为摒弃新沃尔夫主义的发言。尽管如此，倘若我不为那些细读此书的人澄清我的实际观点的话，那就是我的疏忽了。

深夜碰壁

我最喜欢的一个新沃尔夫主义实验是公众不太能听到的，也许是因为它涉及的概念不如颜色、性别那样直接吸引眼球。然而这个实验设计得完美无瑕又浅显易懂，最好地证明了新沃尔夫主义的优秀可取之处。

这个实验的关键是人们在日常事务中可能觉得无足轻重的一种语言间的差异。在英语里我们说很长时间 (long time)。在西班牙语里则说很多时间 (mucho tiempo)。如果你也把它说成"很长时间"（un tiempo largo）没有人会把你怎么样，但听上去怪怪的，不像正宗的西班牙语。在英语里时间是距离，在西班牙语里时间是数量大小。

希腊语也一样。在雅典你不会说很长的晚上，你会说很大、很多的晚上。我们可能很想把这个希腊用语当成隐喻来解读——英语里我们也说 big night，即重要的夜晚，但希腊语里说的很大的晚上并不是这个意思。比如说，希腊语里不说两个人的关系很长而是说很"大"，意思就是关系维持了很长时间。就像西班牙语一样，时间是东西，是可以有很多的，而不是可以拉长延伸的。在希腊说很"长"的晚上是很怪的希腊语。

然而印尼语又像英语一样，说很长的时间，很长的晚上。这些说法都因语言而异：法语和英语及印尼语类似，意大利语则像西班牙语和希腊语。

人们可能会认为此类差异不过是对某种语言的"感觉"问题，除此之外就无关紧要了。我以前也曾这么认为过。但是如果你让一个说很"长"时间英语的人看屏幕上一条向终点慢慢延长的线，然后再看一个从下往上慢慢填满的方块，她猜那根线需要多久到达终点比猜方块多久才能填满要准。但一个讲西班牙语的人则猜方块多久填满比猜线多久到达终点要准！讲希腊语的人和讲西班牙语的人属于同一种图形识别方式，而讲印尼语的人和讲英语的人则同属很"长"晚上的图形识别方式。

对于此类差异人们可能会想到各种原因，显然看似最合理的原因是语言：人们在语言中对时间的比拟决定了他们在测验时的发挥状况。试着想象一下把西班牙人、希腊人和意大利人之所以有相似的图形识别方式归因于地中海文化，你就会注意到要用地中海的海水之美和海味之鲜来解释为什么那里的人更擅长推测多久可以填满方块是多么不容易。而同样的任务放到法国巴黎人、英国利兹人和印尼雅加达人身上他们就不那么擅长（推测方块多久填满），想要找出他们有哪些共同的文化特征才导致这样的吗？哈哈，祝你好运！

这个猜测性的实验是由芝加哥大学的心理学教授丹尼尔·卡

萨桑托(Daniel Casasanto)设计的。他的论点是有说服力的：在这样的一个案例里，参与者在实验过程中没有被问及语言，因而没有准备要用他们语言中的词语来帮助他们做决定，由此说明语言是可以塑造思想的。但是他的理论就到此为止了。想象一下到底还能说什么呢？难道要说讲希腊语会制造一个独特的心境，让你更擅长推测液体多久会填满一个空间，而讲印尼语使你更擅长预测究竟何时一样东西会撞到墙上这种总是用得上的技巧？那些技巧又是如何延伸到生活过程中的呢——也就是说对于人类来说这又意味着什么呢？一个有着很多时间（mucho tiempo）概念的西班牙人信步于某个周六的午后，其对周遭的所见会有别于我这个有着很长时间（long time）概念的人是因为他……呵呵，什么？

然而史蒂芬·平克在写《思想本质》时，只能不再告诉人们说他写的是关于语言和思想的书，因为人们一般总是假设这肯定是有关"语言如视镜"的书——也就是说，是关于你的语言结构使你对世界的认知与他人"不同"。这种观点的独到之处并不是建立在卡萨桑托那么精致地得出的结论上，而是建立在一个默认的理念上——即此举只是序幕，后面的才更壮观。我们是在假设，借用艾尔·乔森的一句流行语，好看的还在后面呢，我们等到的将是一种证实，即语言赋予我们色彩斑斓的世界。

蓝色的种类

然而新沃尔夫主义关于颜色的顶级研究，虽然其本身奇妙无比，但并没有带来更丰富有趣的、人本主义的诠释。比如，我忘了为什么我会知道俄语里讲"同性恋"叫 goluboj，但其实这个词的基本意思是"淡蓝"。不只是蓝，因为俄语里另外有一个词 siniy 是更深的蓝色、海军蓝、普鲁士蓝。没有一个词只表示蓝色，俄语里天空和蓝莓是不同的颜色。

新沃尔夫主义有一个巧妙的实验，让俄语母语者在计算机屏幕上看一组一组的方块，方块三个一组，一个方块在上面，两个在它下面。方块里是英语母语者称呼的"蓝色"，由深蓝至浅蓝，有 20 个层级。每一组里下面的两个方块之一与上面的方块是同种深浅的蓝色，而另一个则与上面是不同的深浅。给俄语母语者的任务是，让他们在下面的方块里找到和上面一样深浅度的蓝色时就按键。

做这个小测试肯定很乏味，但研究人员们是有目的的：对深蓝和浅蓝用不同的词到底会不会影响感知——也就是说，语言是否会塑造思想？他们的发现是会的。比如，如果上面的方块是深蓝，而下面那个落单的异色方块只要稍微接近浅蓝色系，俄语母语者会飞快地按键。而当落单的异色方块只是一种不同深浅度的深蓝时，按键前需要的平均时间就更长。反之亦然，如果相同的两个方块都是浅蓝色，而落单的那个是深色的，俄语母语者按键时会毫不犹豫，反过来则徘徊不决。

但无论落单的异色方块在蓝色光谱的什么位置，英语母语者的反应时间都是一样的：当相同方块都是深色的，落单异色方块无论多浅都不会让他们加速按键；而当相同方块都是浅色的，落单异色方块无论多深也不会让他们加速按键。这非常巧妙地说明了，用不同的词描述深蓝、浅蓝的人比只用一个词描述蓝色的人能更快地区分那些颜色——即使没有人问起他们代表这些颜色的词或者用到的这些词。

万一有人想要了解俄罗斯人比美国人对深蓝、浅蓝的差异更为敏感的文化原因呢？研究人员又进行了另一个版本的实验来说明是语言真正导致了俄罗斯人的这种不同。这第二个实验不仅要参与者辨别落单的方块，还要求他们同时背诵一串刚刚要求他们记住的随机数字。完成这一任务所需的脑力强度暂时阻塞了语言的处理功能。在这个版本的实验结果中，突然间那个落单的方块是不是另一种蓝色对反应时间没有影响了。由此看出，如果没有语言，俄罗斯人对深蓝、浅蓝的差异并不比一个（美国）亚特兰大人更敏锐。

但是，按当前流行的宣传，这类测试表明了你说什么样的语言，你就会以某种特殊的方式看世界。讲英语的人受好奇心驱使，会竭尽全力去想象对于那些分辨深蓝、浅蓝的能力和自己很不相同的人，他们眼里看出去的世界会是什么样的。这种努力会让人联想起人们想象四维空间是什么样的尝试。

可是问题来了。乔纳森·韦纳尔、内森·韦陶夫特、迈克·弗兰克、丽莎·吴、艾里克斯·韦德和雷拉·波洛狄特斯基的这个实验并不是说还不够绝顶聪明，也不是说它没有表明语言影响思维，而是说当我们想要超越这个实验去拥抱那种观点——即它告诉了我们关于世界观，关于人类，等等——这时我们就会碰钉子了。换句话说，当我在描述反应时间的差异时，我用的都是比较模糊的时间词，比如"飞快地"和"徘徊不决"。但实际上，如果要认真评估这个实验在学术心理学界以外意味着什么，就必须清楚地知道根据落单方块偏向颜色的哪一头，反应时间的平均差是多少。有答案了——等等——是124毫秒。

124毫秒！当两个相同的方块是更深的颜色，而落单方块也是深色系时，俄罗斯人按键的时间只比落单方块是浅色系时快一秒钟的十分之一。他们并没有犹豫半分钟，或整整一秒钟，甚至半秒钟。真的，一秒钟的十分之一我们甚至都不能把它称作徘徊或犹豫。

那到底有没有影响仍待自圆其说。想一想，在讲英语的人中间，仅仅因为语言的差异，反应时间一点儿也没有滞后。但是，凭什么我们把一个124毫秒的反应时间差当成是表达俄罗斯人生活处事方式的信号？语言影响思维？显然是的，但是就像生活中的很多事情一样，关键是何种程度。就我们目前的知识水平来看，goluboj（淡蓝、同性恋）与俄罗斯人灵魂的联系似乎在性取向方面比颜色方面更清晰！

124毫秒这个数字带给我们的直觉告诉我们这不是什么不同眼镜的问题。在得知俄罗斯人对深蓝和浅蓝有不同的词时，有些人可能会很容易想到，这是不是意味着在俄罗斯人眼里知更鸟的蛋和学院风的西装外套颜色比在讲英语的人眼里更不一样。然而有同样多的讲英语的人——我很怀疑其实有更多,他们的反应是觉得困惑,语言居然做了这样的区分。我们可能会问"语言为什么需要这样做?""我们当然知道星条旗上星星背后的颜色和淡淡的婴儿蓝是截然不同的——但我们并不需要用不同的词来表示啊!"我最初接触俄语时绝对就是这么想的。

同样地,也有很多语言里没有那种英语母语者认为的很基本的颜色分类,因此英语对于他们来说就像俄语在我们眼里一样,是没有必要的过分讲究。非洲纳米比亚的赫勒娄(Herero)族人讲的语言里,蓝色和绿色都只用一个词。当赫勒娄族人发现其他语言里蓝色和绿色用不同的词时,他们并没有去想象西方人看到的世界是不是与他们的不一样。其实他们非常清楚树叶与天空的颜色之不同——像他们那样在岛上生活似乎至少现在和以后都很难不注意到这些。只是当他们知道确实存在这样的语言,会用不同的词表示那些颜色时,他们觉得这种做法有点傻。

有些人可能仍然持有这样的想法,即在某种程度上有一个对颜色敏感度的等级排列,俄罗斯人排位很高,讲英语的人位居中游,赫勒娄族人则垫底。这样的排列会令我们大多数人反感——我们会看到沃尔夫主义使我们不得不常常面对类似的、令人生厌的观点。有必要指出,种种迹象表明赫勒娄族人在穿着和装饰上对色彩的钟情完全不亚于西方人,包括各种鲜明的绿色和蓝色。尽管如此,也许做个实验就可以表明赫勒娄族的语言以某种方式组织连接他们的大脑，使他们在分辨蓝绿色蜡笔和绿蓝色蜡笔时要比芝加哥或斯图加特（德语里有绿色和蓝色）街上的普通人慢几毫秒。但如果这样做，我们就背离了有关心灵差别的任何有意义的讨论。

但是当看到这样的句子时我们想到的就是心灵："听着可能有点怪，但我们对一幅夏加尔油画的体验在某种程度上其实取决于我们的语言里有没有一个词是表示蓝色的。"这是一篇基于多伊彻的书的图书评论中反响最大的语句之一，在我写这本书时谷歌上已有近5000次点击。正如我早就经历过的那样，媒体（包括出版社）喜欢鼓励学术界那样去写，以博取无数的"眼球"（网络点击量）。外面的书那么多，大肆渲染一下也是必需的。图书评论也好，书的封面护封也好，广告宣传书时总是有些狂热的成分与书的实际内容很难相符。

然而，提到了夏加尔油画的句子比书本身的影响更大，尤其是考虑到沃尔夫理论固有的特点，但它所表达的意思在研究里其实找不到。难道缺了一个表达蓝色的词真的比教育、经历或者人与人之间对艺术的感受力的差异更影响人们对夏加尔画的感受吗？那篇图书评论确实只是说"在某种程度上"，但让我们面对现实吧，这样的保险措施在原文的强大吸引力下无迹可寻了。真正的问题是在哪种"程度"上？是124毫秒吗？

没有纸笔的部落不擅长画肖像

有一些关于语言影响思想和文化的主张,如果确实的话,应该显示出剧烈得多的效果,而非思维处理中微不足道的差异。但是它们可以证明语言对文化特质的反映(比如泰语里说"你"的词),而不是语言特质如何神奇地塑造文化。

你在2004年的夏天是不会知道这些的。那个夏天在我的记忆里就是三件事情。第一是每当我的手机收到短信时会响起的旋律,就是那个夏天起我开始收发短信的。第二是一种美丽的室内植物,在当时的纽约城里很时髦的那种,它淡绿色的叶子爬满了我书房的窗台,一直垂到地上。第三就是媒体无时无刻不在报道某些族群不擅长算术是因为他们的语言里没有数字。

这于我很不入耳,就像一首跑调了的歌,或者像是放在冰箱里吃剩的蛤蜊意面旁边的冰激凌,让你刚入口的草莓或巧克力味道里散发出那么一丝蒜味儿。那些报道缘于哥伦比亚大学心理学家彼得·戈登关于一个叫皮拉罕(Pirahã)的亚马孙小部落的语言研究,结果是巴西雨林中一种默默无闻的语言现在被写进很多书里,被大众讨论,尤其是被丹尼尔·埃弗略特宣传推广开来。看到一个有别于西方的语言受到如此广泛的关注总是好事。但是,令人不解的是一个接一个的出版物对一个没有数字的族群不会数数,即使试着让他们数也不擅长此道表示惊叹,认为它是多么有悖常理。"没有命名数字的部落不能数数"(《自然》,2004年8月19日)。专家们同意此令人震惊的结果是对"语言设定人类思想"这一有争议的假设最强有力的支持(《新科学家》,同一天)。

这并不是说亚马孙的皮拉罕人的形象被歪曲了。他们确实不数数,也别指望他们学数学。一个皮拉罕妇女真的不能告诉你她有几个孩子,因为她们的语言里没有代表数字的词。对于皮拉罕人究竟为何不通数字也曾有过一些争议。那些证据让我至少对他们真的没有"一"和"二"的概念这一点心存怀疑,虽然对他们来讲,"一"可能就像我们说的"就是那个",而"二"更像是"一对,一副或再多一个"。然而,如果有人像埃弗略特那样和皮拉罕人一起住了若干年,那么即使在一定程度上人们只看见他们想看的东西,我们还是相信他所说的皮拉罕人不会讲5或42。假如皮拉罕人是碰巧把数数的游戏藏起来不让埃弗略特看到("别,别,别当着他的面!"),而他们可以用得上的不外乎"就是那个"和"两个多点",那么我们可以推测这一数数的游戏很难称得上是我们认为的数数("孩子,这里有一个香蕉,噢,这儿呢差不多像是两个香蕉吧!耶——!!!")。

问题出在宣称"语言里没有数字的部落不会做数学",这种对语言塑造人的存在的臆测令人窒息。我们不得不想象一下类似的说法。比如"没有字母的部落不会写字":请注意这样的头条看上去有多么不切实际。没有字母似乎是不会写字的根本原因。当我们碰到一个不会写字的族群时,我们会去猜测可以解释他们没有采用写字方式的历史或文化的原因。但如果有人反而被这群人对字母没有概念的事实所迷惑,认为这是很有价值的见解,对字母的不了解正是他们无法写下任何东西,或者即使被要求这样写也写不好的原因,那我们又会如何想呢?"不识字就不能写字",对于这样的头条,我们怀疑自己是不是小中风了一下。

当然语言里没有数字会使学数学很困难。然而语言中缺乏数字的事实并不是一个自变量,这和"深蓝""浅蓝"用不同的词表达,或者说"很大的晚上"而不是"很长的晚上"不是一回事。皮拉罕人缺乏数字是有原因的:一个孤立的打猎采集文化并不需要说 116 这个词,也不需要做长除法,或者去猜测零的性质是什么。

但是,如果皮拉罕语是世界上唯一没有数字的语言,那么把它看成是偶然事件导致偶然结果也无妨。我们也可以就此假设,有些部落虽然没有代表数字的词,却依然可以扳着手指默数到 7 或 54,或者把小花苞排列在地上来计数。然而我们应该估计得到,小的打猎采集族群通常没有比 2 更大的数字了。大家一般都不知道这个,因为这些族群都很小,在他们居住的环境以外很少有人知道。事实上他们中的很多人住在亚马孙流域。所以说并不是某个族群的语言里神秘地缺乏数字,因而他们的数学就很糟糕。教训恰恰是,数数不管对我们来说如何重要,它仅仅是人类的一种附属品。土生土长的打猎采集者不需要数数,因此他们的语言通常也没有代表 307 这个数字的词。

了解一下还是挺有意思的,但要引据论证"语言塑造思想"就没必要了。"没有汽车的部落不会驾驶"听上去像是从巨蟒剧团

(Monty Python) 出来的，真的，就跟惊叹没有数字的族群不会做数学如出一辙。比如说，文化在人们精心打造音乐、艺术和美食的程度上有所不同。所有的族群都拥有并在某种程度上珍视这些东西，但有些族群就会把烹饪提升到比别的族群更丰富多样、举世瞩目的程度。或许可以拿意大利和罗马尼亚来做例子。是的，我知道罗马尼亚食物也有它的辉煌时刻。纽约的饭店菜单上甚至推出过"罗马尼亚牛排"，我还从没有机会吃过，但还是可以说明问题的。

假设我们碰到一个对食物的态度较为实用主义的部落，发现在他们的语言里肉、蔬菜、含淀粉的食物和水果都只用一个词来表示。有人便得出结论，说这个族群之所以不是美食家，是因为他们没有用不同的词表达不同的食物。说这话的可能是一个聪明的孩子，我们也会热情地笑着纠正他。显然文化特质造就了语言特质。

就此我们回到诸如"不能演奏音乐的部落源于他们没有乐器"之类的说法。正是由于那么多的人对语言塑造思想理论趋之若鹜，人们才把这样的语言推理论证视为正常。史蒂芬·平克说中了要害："那种认为爱斯基摩人更关注雪的种类多样是因为他们表达雪的词更多的观点太颠倒混乱了，（你还能想出别的原因为什么爱斯基摩人关注雪吗？）所以如果不是因为它赋予的一种聪明感超越了常识，很难相信会有人把它当真。"

这取决于你的立场

当20世纪90年代晚期新沃尔夫主义的研究开始受到学术心理学界以外的重视时，如果这个理论经常被宣传为要被怀疑论者抨击的例子，那它很难逃脱与沃尔夫主义同样的命运。那些著作总是在开头时先告诉你一些你这辈子都不想错过的东西，但接着就变味儿了——变成了那带蒜味儿的冰激凌。

澳大利亚有些族群不会把东西想成是在他们的前面、后面、左面或右面。对他们来说，只有北面、南面、西面、东面。永远如此。不是只有当他们向北转时，也不是只有当什么原因出现需要他们明确找到前面是什么方向时。对一个像库库几米特(Guugu Yimithirr)（这个名字在他们的语言里是"这样说话"的意思）这样的族群，如果一棵树在他们的前方和北面，他们会说是在他们北面，即使他们转过身，也不会说是在他们后面——他们还是说在北面，也确实如此。现在在他们前面是南方，如果现在面对一堵墙他们会描述为在"南面"。这就是他们如何描述东西是在里面、在外面、在黑暗里，还是在一个他们从没待过的房间里的：他们总是可以即刻分辨出他们是在北、南、西，还是东。

这是完全合理的，只是不是我们会做的。这实在是一个人类多样化的有趣范例。然而那些发表了关于库库几米特人这一特点的学者们却称其为沃尔夫主义令人震惊的证据。换句话说，他们没有把这个看成是库库几米特人作为一个族群的有趣之处，而是他们的语言的有趣之处。对他们来说，这不是库库几米特人对方向的处理有别于其他族群，而是受了他们的语言驱使的。

就好比，"没有表达衣服的词的部落是不穿衣服的"。想象一下：根据《科学美国人》杂志，"曾经难以捉摸的关于语言塑造思想的证据在巴布亚新几内亚找到了。那里的斯奈庞（Stnapon）部落习惯不穿衣服。而研究发现他们之所以展示这一特征是因为他们的语言里没有描绘衣服的词"。这不太可能——我们会以为不穿衣服在先，而后来语言里没有发展出表达衣服的词也不足为奇。

同样的道理，一个库库几米特人之所以这样处理方向是因为受他所在的环境驱使。语言部分只是一个结果。当然这不是一门会鼓励人去想后面和旁边的语言。但是就像爱斯基摩人对雪的关注是有原因的一样，库库几米特人对地理坐标的特别依赖也是有原因的：因为他们住在灌木丛中的平地上。事实上，这种考虑在澳大利亚土著语言中是很普遍的。

我不能算是持这种看法的第一人，但持反对意见的人坚持认为语言一定是驱动力，因为有些相似的文化并不依赖地理坐标。他们断定这意味着不可能是文化创造了这种方向感，因此把语言归为一切之源。但这样的推论是站不住脚的。

从来没有人声称一个特定的文化特质总是会在其族群的语言里表达出来。如果是的话那任何有强烈社会等级感的族群说的语言里都会有七种说"你"的方式——哪怕是封建社会的欧洲语言。然而没有一种有记载的欧洲语言是这样的。

所有证据都显示像库库几米特一样的族群之所以这样看待世

界是因为他们的环境，而不是因为他们的语言。这甚至不像有些人可能会想到的鸡和蛋的问题，两方都是对的。例证之一：如在雨林或城镇里就没有像库库几米特人说的那种语言。人们对地理坐标的依赖只有当自然而然处于安静的环境时。当人们前前后后都被建筑物和公路环绕时，没有人还会神秘地坚持一定要抛开这些去说"北面"和"南面"。

例证之二：有文件记载，在成长于土著环境之外的数代库库几米特人中，地理取向很快就散架了——这似乎发生在无数的土著族群里。再次证明了驱动这种说话方式的是说话人所在的地方，而不是语言。

但是语言难道就没有一点作用了吗？是可能有的，但证据显示它没有起到任何显著的作用。譬如，语言也以其他方式来表示环境的特征。墨西哥的玛雅语言泽尔塔语（Tzeltal）里，人们说到地名时会用"上坡""下坡""穿过"，而不是"前面""后面"等。沃尔夫主义的冲动会令人感叹"多么神奇的语言啊，会引导说话的人那样去思考！"然而更符合直觉的是，我们饶有兴趣地了解到泽尔塔人是住在山边的！

现在有些人可能会为了挽救这种沃尔夫主义的分析，去找一个也是住在哪里的山边但又用左边、右边来说话思考的族群——"语言决定思维模式！"——但另一组人基本上已经以支持起诉方的方式结案了。请看例证之三：靠着泽尔塔人住的是泽契尔（Tzotzil）人，同样的山边环境。你可能从他们相似的名字上也猜到了（必须惭愧地承认这名字听上去像是苏斯博士笔下创作出来的两组人！），泽尔塔语和泽契尔语基本上是同一种语言的不同变体：比如泽尔塔语里一，二，三是 hun, cheb, oxeb, 泽契尔语里是 jun, chib, oxib。但是泽契尔人不同于泽尔塔人的地方是他们在语言上是说左右、前后的——但是如果你把他们放到一个心理实验中，他们依然会显示自己在概念上仍是按地理坐标来处理方向的，就像泽尔塔人和库库几米特人一样。

如果把三件东西排成一横排放在桌子上让泽契尔人看，然后要他转个身对着他后面的一张桌子并且把三件东西"以同样的方式"排列起来，他们会放成在我们看来是倒着的，好像第一张桌子上的东西在镜子里的反射。对他们来说，他们动的时候，世界并没有变——就像泽尔塔人在同样的实验中表现的一样。泽尔塔人和泽契尔人在这里的相同之处是文化，而不是他们的语言使其这样做——虽然这两种语言几乎是一样的。

真正酷的领悟是关于世界，而不是语言如何使你看世界。从地理角度辨别方向和文化有关，无论是否渗透到语言中都会发生。将其称为语言塑造思想从泽尔塔人来说看似可行，但当我们把镜头拉回来看泽契尔人时就散架了。将其称为语言塑造思想从库库几米特人的角度来看似乎是可行的，但当我们把镜头拉回来看一期假想的《洋葱》报纸的头条："语言中无'腿'的部落不能走路，因为他们没有'走'这个词"，它也散架了。

妈妈，公园里到处是松鼠！我可以去喂一些吗？

也就这样了。我并不知道有哪个新沃尔夫主义的研究中下面两项都不成立：（1）很难说这和作为人类有什么关系，或者（2）整个这一主张好像在说一个部落因为没有"牛"这个词所以他们不养牛。这些研究本身总是引人入胜，但如果他们要说明的就是以不同的视镜看生活，那么这些镜片之间的差异太小了，就好像你要配眼镜或隐形眼镜时，给你做检查的验光师让你看两个镜片，而你要她不断地在两个镜片中换来换去以决定哪个看出去更清楚些，因为实际上用哪个看视力表都一样。她会问"这个更清楚？那个更清楚？这个更清楚？还是那个更清楚？""嗯，啊……"你试着回答。"这个更清楚？还是那个更清楚？"但实际上你对人生的体验就像一副眼镜配了两个镜片中的任何一个一样。

我对这些研究本身的赞美并不是带着挖苦的恭维。比如一个有关日语的研究没有得到应有的重视，因为它出现时媒体恰好还没有注意到新沃尔夫主义。这再好不过地证明了新沃尔夫主义即使不带那些神秘色彩也可以是很好的研究。

在日语里，当你说一定数量的某样东西时，数字前面要加一个小小的前缀。这个前缀根据这样东西是什么或是哪种材质而不同。日语里二是 ni, 狗是 inu。但两只狗不是 ni inu，而是 ni-hiki no inu。hiki 是当你说到小动物并用到数字时用的。但是如果你说"两瓶啤酒"，ni biru 是不完整的说法，但如果说 ni-hiki no biru 则把啤酒当成了小动物。你不会去拍拍、饲喂或扑打一瓶啤酒。你要说 ni-hon no biru，因为 hon 是用在长长细细的东西上，比如瓶子。

这个从日语翻译过来就是"两只动物性狗""两个纤细态瓶子"。狗和瓶子都被看成是物质，就像英语里我们说两盎司水，三磅肉，区别是在日语里所有的名词加上数量时你都要这么说。英语里只有部分名词是物质性的：比如三磅肉，但我们说"我办公室里有两张桌子"，而不是"我办公室里有两张木头性质桌子"。又比如"那里有很多橡子"，而不是"瞧，那里有许多多籽性橡子！"但日语里只要有数字，就有木质和多籽性这回事。

日语里有数十个这样的前缀。对讲英语的人来说，在习惯了不同的词序后，这就是日语里最难掌握的东西了，因为要知道哪个前缀用在哪个名词上是有些任意性的。瓶子真的是长而细就像铅笔那样吗？而当你发现 hon 也用于指电话和电影时你也只能认了。

不管怎样，对于这种语法特征，即所有的东西都被标成物质而非一个物体，沃尔夫主义者试图寻求它是否还有更深远的意义。确实是有的。今井睦和迪觉尔·简特纳做了一个绝对是目前为止最好闻的沃尔夫主义实验，他们在实验对象面前放上三个一组的实物：比如，一团呈 C 形膏状的妮维雅护肤霜（你闻过妮维雅吗？我总觉得它实在太好闻了），一团呈 C 形膏状的迪普蒂发胶（这是一种早前更流行的发胶，也挺好闻的，不过目前他们正在推销一种无味的，不管谁喜欢这个都会让我想起那些故意贬损鲭鱼和沙丁鱼的人，说它们"吃起来像鱼一样"，好像那是件坏事似的），还有分散成一小团一小团的妮维雅。或者是一个陶瓷的柠檬榨汁机，一个木制的柠檬榨汁机和几块瓷片（这个完全是为了看起来好看）。

是的，所有这些都是和沃尔夫主义有关的。当问起这三样东西里哪两样是属于一起的时，日本孩子更倾向于把整团的妮维雅膏体和零散的妮维雅小团归于同组，而美国孩子则更多地把形状相似的妮维雅和迪普蒂发胶归成同类。日本孩子认为陶瓷柠檬榨汁机和那几块瓷片组成一组，而美国孩子则把两个榨汁机放在一组，把那些破碎的瓷片留在一边。美国人依形状分类，日本人依材质分类。

这个特别有意思，因为如果你是美国人，你几乎肯定会觉得美国人的选择更自然，即使你也懂得日本孩子的选择里的基本道理。妮维雅和妮维雅放在一起，当然是啦！但对一个美国人来说，看到两团妮维雅和迪普蒂发胶形状相似，不知怎么它就从脑子里先冒出来了。

你知道人们在听到这样的实验时，如果他讲的语言里数字的运用是和日语里一样的，那他就会觉得依材质分类是更符合直觉的。这个在对其他视一切为物质的语言进行实验时已经得到了科学证实。在墨西哥，与泽尔塔语和泽契尔语相近的是它们的亲属语言尤卡坦（Yucatec），它们也像日语一样有数字的前缀。它们中的 10 个里有 8 个把纸做的磁带盒（那是 20 世纪 80 年代时）和一小片纸板放在一组，而 13 个讲英语的人里有 12 个把它和塑料盒放在一组。讲尤卡坦语的人按材质分类，讲英语的人按形状分类。

一个不了解这些研究的人是没法评估沃尔夫主义的。但是我们必须回到大局上。显然这个日语和尤卡坦语的实验说明了语言能够塑造思想。问题是思想指的是什么。很多人寻求把这些实验解读为揭示了真实生活、人类状况等更重大问题。但此类数据所揭示的究竟能意味着什么呢？思想间的差异必须达到一定的规模才能真正称为一个独特的"世界观"。

日本人在过去使用筷子的 1800 年间做过与筷子有关的事情，或者是现在的 1.25 亿日本人里有人做过与筷子有关的事情，抑或是未来的日本人做甚至思考与筷子有关的事情，有哪一项可以提供他们认为筷子是一种物质而不是一样东西的细微线索？也就是说，这种思想特征对一个日本人的行为、观点、健康、争辩技巧、艺术敏感度、性状态或任何可以想到的，到底有什么样的影响？"天哪，这个房间里到处摆放着筷子啊！"

为找到这些沃尔夫主义的涟漪是如何影响到我们所知道的人和生活的，我们以后的实验应该瞄准什么呢？你不禁注意到这样的实验实际上很少进行。假如日本人在某个地方，以某种方式，暗示他们是有那么一丁点儿隐约地把筷子当作是一种物质，像水或性——那种微弱的程度甚至连学者可能都很难认同——那么真的，为什么它还需要我们去长期关注呢？

任何沃尔夫主义的研究，其提出的对"世界观"的影响没有如此这般的稍纵即逝的话，也仍然是有问题的。比如在汉语普通话里下个月是"下面的月",上个月是"上面的月"。这难道意味着中国人认为时间是纵向延伸而不是横向延伸的?这可以是一个世界观——有一段时间斯坦福大学的心理学家雷拉·波洛狄特斯基(前面提到的负责俄语中蓝色研究的学者)写的一篇文章告诉我们说中国人对时间的感知是上下方向的,而这个研究经常在关于沃尔夫主义可行性的对话里提到。

在波洛狄特斯基的实验中,讲汉语的人如果刚看了物体纵向排列的图片(比如一个球在另一个球上面),然后被问像"八月比十月早"之类的问题,他们的回答速度要比刚看了物体横向排列的图片(比如虫子一个跟着一个)快。但是当我问起中国人这个时,我时常注意到他们常常说他们并没有感觉时间是上下方向的,而且,事实上不少研究者无法复现波洛狄特斯基的实验结论。最能说明问题的是有一个研究发现,说英语的人在回答"八月比十月早"这样的问题时,不管是刚看了纵向排列的球还是横向爬行的虫,他们的回答速度基本是相当的。

如果被批评的第一发子弹射中就抛弃一个假设,那是不科学的,因此不出所料,波洛狄特斯基对她的实验过程进行了改进。在最新一轮的实验中,实验对象被要求在看了照片后(比如年轻时和年老时的伍迪·艾伦)按早、晚键,这些键既有纵向排列也有横向排列的。当早、晚键纵向排列时,说汉语的人反应更快,这和他们语言中的时间表达方向一致。

但是,让我们回到"更快"是指什么和意味着什么的问题。说汉语的人在选"上面"为以前时，快了170毫秒。那当然是一种结果。但是再看说英语的人，在按照他们语言中表示以前的方式选择"左"而不是"右"时，他们快了将近300毫秒。而讲汉语的人在选"左"为以前时也快了230毫秒——这也在我们预料之中，因为汉语里"左右"的时间方向和"上下"是同时存在的。所以，讲英语的人以他们自己的语言方式反应比讲汉语的人快——谁知道是为什么？——但就连讲汉语的人以英语的方式反应也比他们自己的快！

所以我们并不知道讲汉语的人是"纵向体验时间的"，而且即使说他们在时间体验上"更为纵向些"也是危险的，这等于表明他们确实有纵向体验，因为老实说吧，心理习惯会很轻易地把那个本来合格的评价变成一个更容易被接受的说法，即"讲汉语的人感觉时间是上下的"。研究结论告诉我们的却是，讲汉语的人对时间的感知主要是横向的，其次才是纵向的，这需要非常非常缜密的实验过程才能梳理出来。

那种分层的、分主次的思想就是"世界观"吗？要决定它到底是不是，我们必须先问：那些指着地面生动地说"哦，这已经很多年了"的说汉语的人在哪里呢？

语言是关于我们所有人的

然而没有人会否认人类文化是非常多样的，也没有人否认这种多样性意味着不同族群的人们对生活有不同的体验。但是造成这种体验差别的不是语言结构。文化当然也会不时地渗透到语言中去。为什么不会呢，既然有文化的族群就有语言？然而，语言反映文化——比如在术语上（自然地），还有像表示尊敬程度的代词，以及给自己定位的地理方式。不过代词和地形用语本身就是术语。它们是从说某种语言的人的生活中"免费"带来的。

语言本身并不能塑造思想，比如像德语里毫无意义的性别区分——把叉定为女性，勺定为男性，而刀介于两者之间 (die Gabel, der Löffel, das Messer)；又比如人们怎么看世界上的颜色，或者我们是否把猫看成是一团可爱的东西，就好像我们看到妮维雅是一团特别好闻的白色膏体一样。任何想找到相反面的尝试都是徒劳的。即使你能够，就像它说的那样，用非常巧妙也非常刻意做作的实验哄人露出某个奇怪的小偏差，那个微小的偏差跟任何心理学家、人类学家或政治学家可以告诉我们的处世之道都毫无关系。

不要误解了：语言就像文化一样千差万别，远远不止那些从文化潜移到语言中的术语特征。我曾写过关于语言间的巨大差异，我们在下一章里也会看到。这种差异的程度真的令人叹为观止：有的语言只有很少几个动词（比如许多大洋洲的语言），有的语言没有规范的动词（如纳瓦霍语），有的语言里同一个词根据你发出的九个不同的声调而意思不一样（如广东话），有的语言只有十个音（皮拉罕语，又来了），有的语言整个句子你只需一个词就能把它说出来（爱斯基摩语），有的语言里有几十个咔嗒声 [你有没有在人类学课上读过关于"昆族（Kung）""布须曼人(bushmen)"？"Kung"其实是懒惰的西方人用来代替"!Xũũ"的，而此处的"!"就是一个咔嗒声]，有的语言没有任何时态[新几内亚的美布莱特语（Maybrat)]，有的语言有两百种性别[那西奥语(Nasioi)，也在新几内亚]，有的语言里唯一的现在时词尾是第三人称单数（英语）。

但奇妙的是虽然彼此间如此迥异，这些语言所传达的却是共同的基本人性。文化方面只能算是零星的点缀。对很多人来说，这可能听起来很幼稚——直到他们开始思考学一门语言意味着什么，就会明白语言的文化方面是非常辅助性的。你拼命学会的西班牙语、俄语或汉语里有多少东西是"文化的"？

如果你想知道人类怎么不一样，那么研究文化。但是如果你想看透是什么让全世界的人类有共通之处，那么除了基因以外，没有什么是比从语言如何运作入手更好的选择了。在后面的几章里我们会了解为什么。

在这种情况下，我们必须重温一些特别诱人的问题，这些问题是盖伊·多伊彻为他的书写的评论中提出的：比如德语和西班牙语里"桥"的不同性别对德国和西班牙的桥梁设计有影响吗？由性别系统强加的情感导向图对我们的日常生活是否会产生更高程度的行为后果？它们是否会塑造所涉及社会的品位、时尚、习惯及偏好？就我们目前关于大脑的知识来看，这不是什么可以在一个心理学实验室里就能轻易测量到的。但如果它们真的没有影响思想塑造倒也会出人意料。

但如果真的不产生影响呢?

第二章 _ 可以两者通行吗？

至于语言对思想没有显著的塑造作用这一说法为什么看上去那么有悖直觉，部分原因是这样的假设太自然了：即语言是什么样的，说这种语言的人就是什么样的。

我们不妨合理地去假设，缅甸语里的语言机制和微小细节在某种程度上与作为一个缅甸人的气质相符合，而不会与作为一个冰岛人的气质相符合。我们可能会对语言本身对思维有显著影响质疑，尤其是在读了前面一章后。然而尽管如此，我们还是可以假设文化的思维模式肯定会和表达它的语言有某种关联。毕竟，我特别指出过文化并不是从来没有影响过语言的运作。你可以从皮拉罕人的"不可数"（意即他们没有数字）开始，然后去想一想库库几米特人的地理需要以及他们如何处理前面、后面的，从那里再去假设：总的说来，有怎样的人，其语言就是怎样运作的。不是边边点点，而是总的说来。真的，为什么不呢？语言是文化的一部分，你怎样说话，怎样表达自己，你就是怎样的人。那么似乎理所当然的，语言的运作方式一定会反映说话人是什么样的。

学生及一般公众讲座的听众们会问这个理论是否正确，语言学家对此已经司空见惯了；越来越多的著作想引起公众对那些濒临灭绝的无名语言的重视，其中也流露出这样的想法。

在试图寻求合理解释的心态下，自然而然地会假设，关于语言和说语言的人之间的并行关系的理论可以通过调整来挽救。如是，沃尔夫主义的辩论给自己找到了一个永远适用的途径："难道不能两者通行吗？"

由此，如果说语言塑造了思想，因而也造就了说语言的人的形态，这样的说法就过于简单化了。但是语言和思想可以以一种互补的关系存在。或许一个族群的思想、文化影响了他们语言的运作，然后语言又反过来强化了与之相通的思想和文化，这也是完全可行的。这样我们就可以解释为什么试图把问题看成是从语言到思想的单行道是行不通的：因为现实更是浑然一体的。

那样的论点是合理的，更确切地说，是吸引人的。因为能够辨识整个系统而不只是单向的因果关系给人以满足感。我们永远被提醒着不要简单还原，也深谙这种强调网络、反馈循环和互补性的知识文化，在生态、进化及量子物理学等领域皆是，因此我们寻求的是一种促使相互强化或者合作（从难以抗拒的人格化意义上说）的方式。这里有一种无声却有力的修辞力量。想象一下通常伴随着这种观点时的手势——左右手相互绕着转——有没有注意到，仅是看到别人这样做就会让你想点头。

即使在对语言和语言学有所认识后，很多人还是觉得语言在发展过程中支持了语言使用者的文化这种理论是有说服力的。语言如同动物一样是随时间进化的：恐龙变成了鸟类，拉丁语变成了法语。也如同动物一样，语言间有亲属关系：海牛和儒艮同属哺乳动物的分支，法语和西班牙语则是拉丁语母亲生下的同一窝小狗。动物会绝种，语言也会。

既然如此，那么就像动物会根据环境需要而进化一样，难道语言就不会根据说话人特定的内在文化需求而进化了吗？

答案实际上是"不会的"。不会以任何显著的方式。

词与沃尔夫主义

这似乎有悖直觉。语言应说话者的需要而演变：还有什么比这更无懈可击的呢？然而我们越是了解世界范围的语言，这种主张就变得越无望。

这一点不总是那么容易被接受。有一次我在做关于沃尔夫主义的讲座时，一个认真的学生问我，"如果是人们不需要的东西，为什么还会放到他们的语言里呢？"显然他觉得这个反论几乎有点倒胃口。这个问题问得好，因为它点到了误解中的关键：即语言主要是一种文化工具，而非主要是一种杂乱无章的随意习惯的积累。

请注意我写的是"主要是"。需要明确我的主张并不是把语言和实际完全分开，也不是和说话人的某些特性分开。所有的语言当然都是服务于交流的基本需要。但是我怀疑会有多少人认为这有悖直觉，这也不是沃尔夫主义的重点。语言里的东西都有词来表达，包括文化中出现新事物时会造出新的词来表达，谁会觉得这有什么了不起呢？本杰明·李·沃尔夫当然不会这样觉得——他感兴趣的是比这具体得多的事情。

英语里有一个形容犬类的词：dog。在讲英语的文化里重要的、更具体的东西也都有对应的词：计算机、文件上传、博客，甚至更离奇古怪的，比如自卑情结、每况愈下等。同样的，库库几米特语里频繁使用东西南北也是因为方向对他们来说非常重要。因现实而生的术语，无论在雨林中讲的小语种还是洛杉矶讲的英语里都一样，没什么特别的。这在很大程度上有别于那个更神秘、更夸张的假设，即语言中不太具体的方面会让世界显得更多姿多彩，或者让时间感觉更纵向。沃尔夫对这一点很明确，他指出一个人：

> 对自己语言未被察觉但又错综复杂的系统化过程——通过与其他语言的诚实比较和对比足以显示出来，尤其是和不同语言家族的语言相比时。他的思考本身就是以语言进行的，用英语、梵文或汉语。而每一种语言都是一个庞大的模式体系，相互各异，其中那些由文化决定的形式和范畴，人们不仅通过它们来交流，还通过它们来分析自然，关注或忽略各种关系和现象，引导推理论证，以及建立他的意识之家。

所以，相比起生活在雨林里的人给重要的东西命名这个现象，沃尔夫所指的是更深刻、更有趣的东西。在他看来，人类语言的运作方式、结构、总的语法模式以及试图学着用它造句时面临的挑战，所有这些的本质都和他们之所以成为他们而非旁人是深刻一致的。

如果强调雨林生活者用词语来表示他们的工具、习俗及关心的东西这种更平凡的事实有任何目的的话，那不是为沃尔夫主义撑腰，而是要阻止对不成文的土著语言的不屑。不要怀疑，那样的问题是确实存在的。一个在巴布亚新几内亚的罗塞尔岛旅行的人曾这样说她在当地听到的"方言"："我们听到的任何东西都不像人类说话的声音，而且显然词汇非常贫乏，表达能力有限。有些噪声就像打喷嚏、发脾气或刚被呛住时——总之不可能在纸上写出来——却代表着村落、族群和事物的名称。"

然而她自以为听到的"方言"其实是一种非凡的语言，叫耶里多涅(Yélî Dnye)，不是通过打喷嚏，而是通过九十种不同的音来表达的，相比之下英语只有区区四十四个音。它有一千多个前、后缀，还有十一种不同的方式表达"在上面"，这取决于某样东西是在水平面上、竖平面上，还是山顶，或是分散的，还是连接于某个平面等——这样的语言当然不容易辨别其"有限"的表达方式。

但是让我冒昧地假设一下，任何读过这本书的人都不难看出在耶里多涅语上犯的这类错误多么荒唐讽刺。就连受过教育的人也常常会有一种印象，即那些没有书面形式的小语种不会像英语、法语这样的"真"语种那么复杂（我在《语言是什么》一书里就反对这种印象）。然而，任何对语言感兴趣的人都不会认为有人会使用一种仅仅比动物的语言稍好的语言。因此，我们对语言是否因使用者的意志而演变的兴趣，就涉及更耐人寻味的沃尔夫主义方向了。问题不是"语言是否将使用者经常谈到的东西发展成词语？"当然语言会发展新词，我们可以撇开这个去想想我们真正感兴趣的也更有悬念的问题："语言是否根据思维方式而演变？"

这里如果对沃尔夫主义采取"互补的"看法可能比较有用，尤其是我们已经知道外部环境可以影响语言——例如库库几米特语里的方向用词——反过来，语言也可以影响人们对外部环境的处理，比如日语和尤卡坦语里的材质标记。

我们不妨假设，就像库库几米特语因其说话者的环境而产生了方向性的标记，尤卡坦语里的材质前缀也一定是因为他们环境里有什么东西让他们那样思考了。如果这个成立的话，那么当然值得深入探讨一下语言是不是也"强化了"库库几米特人的方向感，正如方向感塑造了他们的语言一样。如此我们可以看到一个反馈循环——文化影响语言，语言又影响文化，基于它们之间的这种相互关系去指定哪个是鸡哪个是蛋没有意义，至少此时此刻没有。

这种语言和思想的"整体"观的吸引人之处在于，它既承认语言本身并没有创造"世界观"，又保留了语言如同其使用者的含义，因而就像文化一样具有多样性的特征。然而这种尝试中所存在的某种脆弱性把我们拉回现实。尤卡坦人的环境里到底有什么使他们对物体是由什么构成的更敏感,而为什么爱沙尼亚人、蒙古人或者特别是其他美洲印第安人群落,他们的语言并不像尤卡坦语那样对材质那么敏感?

假如我们被告知,任何其他这些族群其实比说英语的人对东西的构成更敏感(事实上并没有),我们会因此认为这比我们对尤卡坦人的认识或多或少更合理吗?同样的,俄罗斯人身上到底有什么特质使他们比别的族裔的人有更多表达蓝色的词呢?

如果你试图把怎样的人和他们语言里某些明显表达文化特征的词语联系起来,你会发现很多的例子。没有人对此会有异议。但是如果你试图把怎样的人和他们的语言运作从更广义上去联系起来,按照像沃尔夫说的"未被察觉但又错综复杂的系统化过程",比如他们是否按形状或材质把东西归类,或者他们是否有将来时,那么你会发现不是虚假的线索就是平平的故事。它似乎那么诱人,你一直想得到它,但无一例外,扑哧,它就消失了。就像要抓住一个肥皂泡一样。

世界上的语言在运作机制上的差异与世界人民间的差异是不相关的,因此即使把文化和他们说的语言塑造成一种动态的双向关系也无法拯救沃尔夫主义。这样的声明第一眼看上去是显得奇怪,但是在这章里我会表明其经验主义的动机。

雨林的规则？

示证标记

说到把语言的运作机制和语言使用者的特点联系起来，有一个特别吸引人的例子是亚马孙流域另一种叫涂尤卡（Tuyuca）的语言。其有趣之处在于，一个正常的陈述必须包括你怎么知道或是否知道它是对的。这个特征在用涂尤卡语表达自己时是如此根深蒂固——当你解释你怎么知道什么是不对时，你用的不是类似"我听说"或"据他们说"这样的说法，而是在句子后面加上固定的后缀。这和我们熟悉的英语里加 -ed 表示过去时或加 -s 表示复数相似。

所以如果是一个正宗的涂尤卡人，你不会只是说"他在砍树"。你必须加上一个后缀。这里我把后缀加在英语的句子后面只是为了容易明白——显然一个涂尤卡人是不太会用英语来表达自己的！

He is chopping trees-gí.（我听说他在砍树。）

He is chopping trees-í.（我看见他在砍树。）

He is chopping trees-hɔ́i.（看上去他在砍树，但我吃不准。）

He is chopping trees-yigï.（据说他在砍树。）

这只是一个例子。仅过去时就有各种不同形式的后缀，要看你指的是男人还是女人，是跟你讲话的人还是你自己等。

语言学家称此为示证标记。任何语言里都在一定程度上有示证标记的功能。英语里门铃响后我们会说"肯定是印度菜外卖来了",这里"肯定"所指的就跟涂尤卡语用后缀表示你知道某事是因为听说的大致是一回事。只是涂尤卡人把这种事情做到了极致。

这里采取"整体"的方式又让人心动了。前面一章可能造成了我们以经典沃尔夫主义的观点会对此类事例持怀疑态度。我们可能会抵触那种认为有示证标记会令人对信息来源神奇地敏感的理论。科学会站在我们这一边。特拉华大学的安娜·帕帕弗拉古和她的同事们已经表明了韩国孩子虽然在韩语里学过示证标记，但他们并不比说英语的儿童更擅长思考信息来源。

然而仍然会禁不住想去假设涂尤卡语里一定是有什么东西造成了这种对信息来源的密切关注：就是说文化在哺育语言。你可以假设一定是和生活在雨林里有关，因为必须时刻提防危险动物，或者要注意其他那些他们赖以生存的动物的出现。这样看来是不是作为一个涂尤卡人需要时刻注意有没有听到什么，或者当别人告诉你远方有某个新的食物来源时是否可靠，等等？

如果我们只想到涂尤卡人的话这个听上去特别合理可信。然而示证标记虽然对讲英语的人来说显得奇怪，实际上却在世界范围内相当普遍。关键是要从世界角度来看出文化与示证标记之间有任何联系都是极其困难的——而这样说已经算是非常开通的了。

把示证标记与一个族群是什么样的联系起来基本上等于是说某些族群比其他族群更多疑。这表面上看可能不觉得，但其实是一个冒险的说法。例如，示证标记在欧洲很少见，这也在很大程度上说明了为什么对我们来说它们显得很有异国情调。但是，古希腊人创作了世界上最早的一些哲学专著，对所有的命题无论其多基本都进行了一丝不苟的审查；他们生活的社会永远处于兵临城下的境地，对手不是其他帝国就是希腊人自己——然而我们中间有谁愿意这样说：希腊人是一个比较包容、较少怀疑、对信息来源不甚感兴趣的民族？

也许，让我再大胆地进一步：如果你现在认识任何希腊人，你会认为他们不是特别多疑的吗？我会说不会。然而希腊语里没有像涂尤卡语的示证标记。从来没有过，现在没有，也没有任何迹象表明以后会有。是的，若它曾有过的话，很多人一定会把示证标记和伟大、古老的苏格拉底传统及其对希腊思想的影响欣然联系在一起。

再者，如果涂尤卡语里的示证标记是因为文化需要，那么为什么世界上唯一和它还有点相似的欧洲语言是保加利亚语呢？我恰好认识一些保加利亚人，在我看来，他们算是比较多疑的族群——但并没有比其他许多国家的人更多疑。那么保加利亚人和涂尤卡部落人之间究竟有什么文化上的共同之处呢？更重要的是，保加利亚人究竟有什么与涂尤卡部落人相通的地方，而捷克人、马其顿人和波兰人是没有的？请注意：也许有人会说，可能保加利亚人早先住的地方缺乏技术，因此那时需要示证标记，但这说不通。如果语言可以满足说话人的"需要"，那么一旦保加利亚人有了中央暖气和罐头食品而不再"需要"示证标记时，它们不是早就应该消失了？

"语言应说话人的需要而演变",细细品味这句话,然后大胆地问一句:它如何解释保加利亚人是唯一需要示证标记的欧洲人呢?真的,就拿说话一向富有哲理的法国人来说,从来都在捍卫他们的地理政治地位,为什么却不"需要"示证标记呢?可是没有,只有保加利亚语——就只有保加利亚语!——因为那种"需要"而演变了?

向东走还有一种有示证标记的语言是土耳其语。同样的,如果示证标记与文化有任何关系的话,为什么单单是土耳其语呢?我确实碰到过一个在土耳其住过几年的西方人,他欣然认为——也带着某种坚持——是因为土耳其人对信息来源的高度敏感。但是他是根据语言里的示证标记得出这个结论的,而不是因为独立观察到土耳其人很难被说服。难道土耳其人真的就比波斯人对信息来源更小心谨慎吗?这种观点很难引起共鸣,即使是在对这两个族裔都熟悉的人中间;而我所知道的人类学研究都没有过这样的评述,或者甚至把土耳其人定义为特别警惕谣言的人。其实如果有的话,倒是波斯文化是被公认为特别多疑的。然而波斯语里却没有示证标记。

我们在什么地方看到示证标记的事实就已经意味着,如果把它看成与文化相关,则是对世界上数量惊人的众多族群的不尊重。怀疑主义从根本上说是智慧的形式。它肯定是深思熟虑的基石。在一般意义上称怀疑主义是智慧的中心并不过分,因为怀疑主义就是在做出判断前用自己的头脑去衡量事物。所以,我们赞美涂尤卡语里的示证标记是他们致力于怀疑主义的体现。但是这样问题就来了：示证标记在非洲或波利尼西亚几乎闻所未闻。

这里我们必须重申那个动人的主张："语言是根据说话者的需要而演变的。"可是现在又怎么说呢：拥抱这种主张就意味着非洲人和波利尼西亚人对信息来源不够高度敏感？他们缺乏怀疑性。显然他们不是特别聪慧——就承认了吧，如果按此逻辑就是这样的结论。我们赋予涂尤卡人智慧但又不得不剥夺非洲人和波利尼西亚人的智慧。请注意，尽管有很多非洲人和波利尼西亚人生活在充满挑战的环境里，和涂尤卡人的生活非常相似，但仍然使我们拥有这样的观点。不过似乎最终是涂尤卡人带着示证标记赢得了挑战，而非洲人和波利尼西亚人只是耸耸肩，尽量往好处想。

没有几个人会安于此状，因此，我们不妨拓展一下去假设，示证标记并不像我们在遇到涂尤卡这样的族群时所看到的那样，与文化有那么多的联系。事实上支持这种观点的证据很充分。如果语言的示证标记是根据说话者的"需要"而产生的，那么为什么它们在北美西部的印第安人语言里很普遍，但在东部却不呢？难道住在（旧金山）湾区——说起来并不是那么严厉、有挑战性的环境——的印第安人真的比那些清教徒先辈们，曾经忍受漫长严寒的东北部印第安人更"需要"对信息来源的高度敏感吗？["斯匡托(Squanto)说那个方向3英里的地方还有黑莓生长……"]

再从世界各地看，当一种语言里有示证标记时，与他们紧邻的、生活在同样环境下的族群说的语言里却没有。澳大利亚一种叫卡亚迪尔德（Kayardild）的土著语言里有示证标记，但如果它们的产生是因为其说话者"需要"它们，为什么仅一水之隔的雅卡尔他语（Yukulta）就没有示证标记呢？（雅卡尔他语现在已经绝迹了，这是当初有些说雅卡尔他语的人还活着时描述的。）雅卡尔他人和卡亚迪尔德人过着相同的生活，事实上这两种语言基本是同一种语言的变异，就像瑞典语和挪威语的关系一样。

诸如此类的证据还有很多。尽管认为涂尤卡语因其说话者的特殊需要而有示证标记在刚开始时似是合理的，但当我们把镜头拉回，就清楚了示证标记并不是根据文化形态来分布的。事实上关于我们在哪里可以看到和哪里看不到示证标记有一个明白合理的解释。但那个解释并不是建立在文化需求上的。真要解释很简单，是偶然机遇。

与需要不相关

有证据显示双语者会把示证标记像他们携带的语法模因一样从一种语言传到另一种语言，在这种情况下这些标记轻松地散布在很多文化间，并与其中任何一种文化对流言蜚语和动物声音的警觉毫不相干。这其实也是偶然机遇的另一种解读。

认识到这个现实让人感觉舒服。当西方人赞扬一个族群的怀疑精神时，说到底究竟有多少是恭维？这种赞扬里带着某种优越感，好像在说"不错，你们就跟我们一样聪明！"有一个作家（我不希望指名）在书的致谢部分里赞扬一个第三世界族群的机智和

"不敬"——这就是"怀疑主义"常常指的。但为什么他们就不应该机智和不敬呢？哪一种人类不是这样呢？那段话非常地趾高气扬。然而不管怎么说，他的语言里没有示证标记！

但是它确实有定冠词和不定冠词，像英语 the（这个）和 a（一个）这样的词。在语言中，那些小词让说话者可以区分已经提到过的东西（the 所表示的有些语言里有示证标记的事实）和谈话中刚提起的新东西（与 a 有关的定冠词和不定冠词的观点）。或许我们可以挽救这个特别不多疑的族群——通过赞扬它对定冠词与不定冠词的机智区分？并非如此，因为总的说来，虽然讲英语的人觉得有 the 和 a 这样的词是完全正常的，但对欧洲人来说就有些纠结了。大致上在波罗的海和巴尔干半岛以东你很少看到 the 和 a。

由此，如果 the 和 a 是基于说话者的需要，那么我们得说西欧人比世界上的大多数人更倾向于区分已经提过的事和刚提起的事。这样说不仅没什么道理，甚至看似有点傲慢，而且还有微观的问题。可怜那个负责找出为什么芬兰人没有区分 the 和 a 的"需要"而荷兰人却有这样的需要的人种学家。况且，即使我们可以拼凑出一个解决这些难题的方案（比如芬兰人比荷兰人更含蓄矜持，所以他们不需要嗯……那么呢……具体……），现实世界又扔给我们另一个曲线球。横跨非洲中部一片区域的语言里 the 和 a 这样的词也很常见。提醒你注意，不是西岸或南部，而是中间一片，那里住的人与巴塞罗那人或哥本哈根人绝对鲜有共同之处，实际历史上也很少与他们有过接触。这里的解释又是偶然机遇而非文化。

从整个世界来看，偶然机遇本身是语言和其使用者之间联系唯一能真正表现出的模式。很多时候，看上去可能的联系结果却不如我们所预料的那样，也极不可能激发出一个研究项目。一个重要的例子是那些迫使我们假设人们不"需要"某种东西的案例，但是他们显然跟其他所有人一样，都是有且需要那种东西的。比如在新几内亚，一种语言里吃和喝只用一个词（有时还包括吸烟）是很常见的。但这又代表了什么"需求"呢？任何人都不太可能提出：这片广袤的岛屿上的几十个独立的部落对食物间的区别都毫无兴趣（"我需要告诉你多少次别把注意力放在水果和炖肉的不同上？"）。事实上这些部落对食物的描述通常都包括各式各样的食材及准备方式，而摆筵席也是群居生活的常态。

这也许可以帮助我们理解一个表面上看更有利的事情。纳瓦霍人在这个事情上走向了另一个极端：如何说"吃"要看你只是一般的吃呢，还是你吃的东西是硬的、软的、粘的、圆的、一把小食，还是肉。未来的研究或许会发现在美洲印第安文化和新几内亚文化中食物的地位有何不同？也许会的，但我们又如何理解这样一个事实？与昆士兰和新几内亚一水之隔的土著部落迪尔巴（Dyirbal）有着千年的历史，他们过的生活是新几内亚人很熟悉的，但他们也有三个不同的表示吃的动词，分别代表吃鱼、吃肉或者吃蔬菜。还有一个例子，一个叫贾拉瓦拉（Jarawara）的亚马孙部落也过着和新几内亚人很像的生活，他们有不同的"吃"的说法，看你是需要把一样东西嚼很多下还是只嚼几下，是把籽吐出来还是吸着吃——这又怎么看呢？

这些听上去都很不错，但是并没有向我们说明人们在语言里需要什么。如果只是主观地猜测语言里有什么东西"一定"会反映其使用者身上的某种特质，而不考虑这样东西在世界上各种语言间的分布，那是不完整的。

* * *

语言之间真正的差异很大程度上在于它们做同样事情时的不同程度。有些语言比另一些语言更具某种特色，不是因为说话者"需要"这样，而是一个泡泡恰好在一碗汤的什么地方冒出来了。在英语里一个这样的泡泡就是冠词 the 的出现。它基本上就是 that（这个）这个词广泛传播开来后的事。That 把一样东西单挑出来——"不是那只猫，是另一个"。The 是 that 的孩子：当 that 磨损得差不多了 the 就出现了。磨损多了意味着一方面词变短了，另一方面意思也没那么明显了：the 在指某样东西时虽然作用微弱但还是有点小用处的——"我指的是那个（the）绿色的，并不是任何旧蜡笔"。所以英语特别在意标注定指，即使上下文里已经表明了。新的词就是这样不断出现的：a 和 an 原本是从 one（一个）来的。

然而如我们所知 the 的诞生不可能是一个文化现象。泡泡一般都不是。我们找不到任何原因可以解释为什么 that 那样的词磨损成 the 一词如此频繁地发生在一个叫欧洲的西半部，以及横穿非洲中部的地带，但在其他地方却很少发生。关键是没有一种语言完全由上下文来表达定指，只有英语在这方面尽情发挥。很多语言在明确需要时就会用上可靠的 that（那个）和 this（这个）来标注定指。汉语则是用词序来表达的："火车到了"是指那一班火车到了，而如果说"到达的列车"则是指有一班火车到了。尽管人类文化千差万别，他们的语言却可以完成同样的事情。但每种语言又碰巧在私下随意地发展了自己的癖好，就像一个小孩莫名其妙地可以说出所有总统夫人的名字（那个小孩就是我）。

示证标记就是例子；它们的出现与 the 和 a 这样的词有着同样的过程。从我们的角度来看示证标记是那么"文化"，而在涂尤卡人看来 the 和 a 也一样"文化"。这两个特征都是汤里的泡泡。所有的语言都会在一定程度标注言据性。英语里"那肯定是印度菜外卖来了"与西班牙语里用将来时来表达是一致的（Será Juan "那一定是约翰了"）。就是有些语言恰好将其尽情发挥了。同样地，对于所有人都喜欢的"吃喝"来说，有些语言就碰巧冒出一批表达不同吃法的词来，而有些则冒出一个"吃"的词，一个"喝"的词，还有些在这方面完全不冒泡，将所有吃进嘴里的行为就用一个词来表达。

让这些泡泡冒出来是语言的本性。所有的语言都是沸腾的，没有一种是静坐无温的。唯一的问题是语言里的泡泡会在哪里恰好出现。其实这是很兴奋的事——细察各种语言，哪种语言会冒出哪个奇妙的特点几乎是一种悬念。还有一种解读就是把它当成一种铺张。任何语言里都有些东西会上升为艺术，大摇大摆而不只是一般地走路，表演而不只是做一串动作。人们可能会想"明年会流行什么？"——就好像你会想下一个碰到的语言将会炫耀哪个不可思议的偏好一样。然而这些偏好看似可能出乎意料，它们并不与文化同步。就好比一个人在某一季喜欢戴一种围巾，没有别的原因，只是"因为喜欢"，而若干年后又有一阵子爱上了某种颜色。机缘巧合在语言中起的作用比我们预想的要大得多。

很多对于清楚表达我们的思想来说是非常基本的东西，从大的视野来看更像泡泡了——没有什么比这个更说明问题了。比方说有些语言你不用标注任何时态——没有过去时，也没有将来时。有上下文就足够了，但说那种语言的人生活也和我们一样丰富。这意味着时态从理论上说就像漂亮的围巾一样，是装饰品——或者泡泡。说到底，如果世界上的大多数语言是因为"需要"而发展的时态，那我们肯定也可以说有不少族群并不"需要"知道是否有什么曾经发生过或尚未发生。谁可以微笑自如地告诉他们说他们跟我们不一样，不需要在时间里定位自己？没关系，这样的人在针对新几内亚语言问题上就有——如果我们没有记错的话，已经有人指责新几内亚人不是美食家了。

还有的语言里只有第一、第二、第三人称的代词，但它们没有单复数之分。英语里我们习惯 you（你／你们）既用于一个人也用于一个以上的人（这在语言里是比我们一般所了解的更怪些）。

但是想象一下，假如他、她、它和他们都是同一个词，我和我们也是同一个词。而有些族群不需要那样想象，因为他们的语言本身就是这样的！但是很难对他们说他们"不需要"区分他和他们。究竟是什么原因使人类的一个族群"不需要"做那样的区分呢？这一次轮到皮拉罕族被我们归为特别疏于"需要"的人里。听听这个："没有我们、他们或你们这些词的部落不能区分个人和群体？"其实世界上的大多数语言，包括英语，之所以有此区分是因为所有的语言里都有泡泡。上下文就可以在很大程度上代替这些词。所有的语言所表达的比任何人类所"需要"的都多得多。

* * *

我们一旦理解了这些，就不会再惊讶语言似乎是和使用者的气质没什么关系的。说到底都是泡泡。爱斯基摩族的南纳姆特人(Nunamiut)和塔鲁姆特人(Tareumiut)有着截然不同的文化：南纳姆特人是以家庭为单位生活的狩猎人，塔鲁姆特人则是住在大村落里的捕鲸者。但他们说的语言完全相同。再举一个例子：当 t 或 d 出现在词尾并且跟在另一个辅音后面时，我们常常讲话随意时就不发它们的音了。我们在说"西区故事"时一般是说 Wes' Side Story 而不是 Wes-t Side Story。当一个人说"我告诉艾伦不要做"时很可能是说 I tol' Allen not to 而不是 I tol-d Allen not to。所有讲英语的人在不同程度上都会这样说。但巧的是纽约人在说话停顿前很有可能不发 t 和 d 的音，而距离他们一个多小时车程的费城人则不太可能！如果一个人静下来前说的最后一句话是"你会感冒的 (You're gonna catch a cold)"，那在纽约很有可能说出来的是 You're gonna catch a col'，而在费城则不太会。

试试去理解这在文化上意味着什么吧——难道是费城人比纽约人说话更得体？请注意发现这个研究的重点是在普通人身上，而不是特别有文化的精英。所以我们的问题是电影《洛奇》（背景是费城）里的人是不是比电影《周末夜狂热》（背景是纽约）里的人更注重发音？况且我们指的只是这个比较另类的个别案例，就是只在说话停顿前。一般情况下纽约人和费城人就像其他任何人一样在很多地方都不发 t 和 d 的音——虽然也有别的微妙的不同之处，但说话者从不会有意识地注意到。所以最终还是泡泡。

为什么语言里会有语言使用者不需要的东西？现在我们可以看到为什么，这个问题本身虽然很合理，却没有抓到语言的某种性质，这种性质只有当一次性考虑所有语言时才会变得明显：即大多数语言的运作不是出于需要，而是偶然。沃尔夫关于"错综复杂的系统化"理论是说学习一门语言的语法就是学习它的使用者是如何思考的，他们是什么样的人：掌握藏语的语法模式好像就是掌握了什么是西藏文化。当你思考语言时一开始这样去想是可行的，但如果一直保持这样的思维就不太吸引人了。涂尤卡人对示证标记的"需要"并不比西欧人和中非人对 the 和 a 这些冠词的"需要"更多。语言里出现这样的特征并不是因为它的使用者的思维方式，因此也没有动机去假设这些语言上的特征结果又塑造了语言使用者的文化特质。后面这种"整体化"的态度虽然令人心动，但它也造成了矛盾：一方面，它使我们看到涂尤卡人独具适应环境的能力这种理论的内在吸引力；另一方面，它又迫使我们承认几百万新几内亚人对美食的不屑一顾。

不是那些东西？

有人可能会这么认为：那些任何文化分析都显然无法驾驭的特征不是沃尔夫主义所适用的。但是我们并不清楚为什么它们不是。如果用"上下"这样的词来指称时间使中国人在对待生活上与讲英语的人有显著不同，那么为什么用一个词表达吃、喝和吸烟不是意味着新几内亚人在对待食物摄取上与其他族群不一样呢？你甚至可以想象具有民族优越感的维多利亚人造出这样的想法来：即这些新几内亚语的动词标志着我们在"野蛮人"身上才会料到的原始味蕾。我们会很容易就否定这样的说法——但是基于什么理由人的语言只能以美好的方式与其文化相对应？又是基于什么理由我们可以决定什么是宇宙长河中永恒美好的？

纯粹的逻辑促成了一个简单的结论：认为亚马孙人有示证标记是因为需要对其环境警觉，与认为新几内亚人吃、喝共用一个动词是因为他们不想花时间去品味他们的晚餐一样，是天方夜谭。

读者擦亮眼睛:"没有 X 的词"

人们不时会听到说哪个语言里的什么东西暗示了与其使用者的生活态度之间的实际的、强烈的对应,但是在我的经验里它们最后总是变成了神话。

可以肯定的是任何语言里都有无数事物无法用一个词来表达,显然这并不反映这种语言的使用者是怎样的人或他们的感知。法语里有个词 frilleux,描述的是那种总是感觉有点冷的人,法国人可能会猜想是否存在没有这个词的族群。但英语里就没有——是的,我们必须说"我总是很冷"。但没有人会因此提出这是因为法国人比其他人对风更敏感。显然,法国人有 frilleux 这个词而我们没有只是一个很小的意外罢了,就像瑞典人碰巧没有"擦"这个词一样。千万别去想象告诉瑞典人他们不会擦这个动作——他们只不过是用了"弄干"和"抹去"这些词,作用是一样的。

有些观点似乎真的可以揭示对生活的不同看法,但最后也总是站不住脚。电影《勇者无惧》里教给我们非洲曼德语(Mende)里没有"可能"这个词。它主要是突出其中一个黑人角色的天真本质,他的语言大概要求人特别表明某样东西究竟是还是不是,不能有中间的灰色地带。这是一部很棒的叙事片,但却像语言学的卡通片。可以有把握地说,没有一种语言缺乏表达对事实的肯定程度的方法,因为所有的人都具备感知这种不同的程度的认知能力,且迫切需要日复一日地表达它。事实上曼德语相比英语,有更强大、更精细的虚拟结构。在曼德语里一个人不仅有"做"

或"不做",他还可能做或可能不做。

语言日志网站有一个专题页叫"没有 X 的词",它是一个有用的档案库,记载了为什么这样的事情永远没有结果。我还听说有一种北非的方言叫柏柏尔语(Berber),那里的人们远在阿拉伯人到之前就住在那片土地上了,他们的语言里没有"输"或"赢"的词。按理说我们应该认为他们是得到了合作共赢的精华,这是我们西方贪婪的个人主义者所钟爱的。这一课是有价值的,不过了解叙亚哈(Shilha)柏柏尔人是什么样的文化,而不是他们的语言,更能如实地表达它的价值。人类学告诉我们所有的人类族群都是有游戏比赛的,尤其在孩子中间。难道小孩子们喜欢好斗的比赛,以一决输赢,这对柏柏尔人来说真的是很陌生的吗?如果不是的,那我们立刻就知道这并不是一个没有输赢概念的族群;于是问题就变成了他们是否整天看着输赢发生却不知何故地没有一个词用于对此的表达。这似乎极不可能,更不用说带着高人一等的感觉。

然后在一本柏柏尔的叙亚哈方言词典里出现了表示"输"和"赢"的词。也许他们对这两个词的用法和我们不完全一样,确实是——特别是因为词典是法语的,而 gagner(法语:赢)和 perdre(法语:输)本身与英语表示赢和输的意思只有部分重叠。但是同一本词典里也有表示征服和失败的词。还有,我曾经碰巧认识一个讲柏柏尔语的出租车司机,当我问他怎么说输和赢时他立刻吐出的正是我在词典里看到的那两个词!所以认了吧,这些人不仅知道什么是输赢,而且随口就可以说出来。

谁不是这样想的？

可以理解有些读者可能会想是不是真的有通晓语言和文化的人还对我提出的任何东西感到新奇。是有的。一个人如何看待这些问题会因其所受的训练、文化偏向及目的而有很大差异，而现代学术界里也有很强的一派，非常致力于语言代表文化思维模式的理论。例如，斯沃斯莫尔学院的 K. 大卫·哈里森 (K. David Harrison) 断定像我这样把语言的多样性描绘成"不可思议的随机"是"迟钝得惊人"。他是在对我在《世界事务》上写的一篇文章发表评论时这样说的。但是那种个人的东西并不是我在这里用他的主张来举例的原因。比如说，他声称我认为语言的复杂性使其不适合现代世界，所以不如所有的人都只讲一种语言——这实在有悖于我写过的任何东西，我的回答只能是沉默是金了。

但是，哈里森对语言与文化间的联系的看法对我要表达的论点很有用，因为它正好说明了我在本章中描述过的那种不知情的错误印象。当谈到语法，而不是东西叫什么名字时，语言是赫然不同的，但这种不同并不对应于人的不同。哈里森不这么认为："如果是这样，那么（英国的）巨石阵和（秘鲁的）马丘比丘之间的差别只是随机演变的建筑方式的不同罢了，至于古老的新石器时代和 14 世纪印加文化之精彩就毫不相干了。"

但就是那样——语言并不是物体。巨石阵和马丘比丘都是文化的象征，写满了建造它们的人的故事。然而，如果我们有造巨石阵的人讲的语言的记载，语言的构造并不能让我们了解这些人，就像古老的克楚阿语(Quechua)也不能告诉我们15世纪的印加人是什么样子。当然这两种语言里凡是文化上重要的东西都有对应的词来表达。但是，认为是代表某样东西的词塑造了思想而不是那样东西本身，这种理论不知从何而来？

哈里森继续反对着语言随机应变的理论："很难想象可以轻视人类天赋的产物，以及他们在不同条件下以不同方式产生的伟大的多样性。随着人们在地球上生根开花，他们不断地调整适应，用他们的才智和创造力去解决每个地方独特的生存问题，并发明独特的思想概念化的方式。地理上的孤立和生存的挣扎变成了巨大的创造力的催化剂。"

但是语言不像油画。它们并不因人们用其才智或创造力而发展。语言是在意识水平以下逐步漂移而发展起来的，这并不是我的意见，而是事实，是任何关于语言演变的入门课的基础。否则的话，爱沙尼亚人怎么可能会有14种词格？

主格	raamat	书
属格	raamat-u	书的
部分格	raamat-u-t	有些书
入格	raamatu-sse	进到书里去
内格	raamatu-s	在书里
出格	raamatu-st	在书外
向格	raamatu-le	往书上去

接格	raamatu-l	在书上
离格	raamatu-lt	从书上下来
转变格	raamatu-ks	像书一样
到格	raamatu-ni	至于书
样格	raamatu-na	作为书
欠格	raamatu-ta	没有书
共格	raamatu-ga	有书

还不止这些，爱沙尼亚语属于那种不规则几乎就是规则的语言。难道是有人计划要这样做的吗？如果这就叫创造性，我不确定这是不是我们对爱沙尼亚人的恭维。

当我们对土著人说着与我们不一样的语言感到不可思议时，语法是人"创造"的这种印象就很容易留下来。当一种语言和我们的语言是如此不同时，出于本能的直觉给我们的印象是这是不正常的，甚至认为这种偏离正常肯定是有意造成的，或者肯定是出于什么迫切的情形，比如某些有意思的文化细节。但是当我们把镜头转向自己时，这个概念就站不住脚了。西班牙语里有虚拟语气的结尾。是谁"创造"了它们？它们又是怎样与马德里的生活相对应而不是与东京的生活相对应？如果我们视其为另一个时代遗留下来的历史包袱，那么为什么在古老的卡斯蒂利亚王国或古罗马虚拟语气反而比在封建时期的日本更有用呢？在那里，西班牙语的祖先拉丁语已经有虚拟语气了。

如果我们想说沃尔夫主义的分析是不应该用在虚拟语气上的，那为什么不呢？至目前为止的沃尔夫主义著作没有清楚说明为什么虚拟语气不够资格被分析而数字分类词、颜色术语及将来时却可以。说到底如果欧洲语言里没有虚拟语气，而我们在雨林中的一个小语种里碰上了，难道这不应被视为西方人区别看待真实情况的证据？

* * *

一种语言是如何建立的，其奇妙之处并不是它与民俗、宇宙论以及思维模式的对应，而是其游离于这些东西之外的丰富多变的独立性。它不断地生长发芽，进入意义与复杂性的新空间，证明了人们理所当然会认为的一种不可抑制性。如果认为语言最有趣的地方就是它如何揭示了说话者的思维过程，这就好像欣赏贝多芬的第七交响曲不是为了它灵活的旋律、丰富的和声、澎湃的主题行进和激动人心的编排，而是为了几个模糊闪烁的暗示，从中我们也许就知道了贝多芬是个什么样的家伙。

在联觉或通感的意义上，语言闻起来就像刚割过的草地或是热气腾腾的丛林。它煮着、烧着——可以说是冒着泡。但它这样做并不是文化需要指派的。语言既像文化，但又基本上与文化分开，语言本身就是很不可思议的。

第三章 _ 文化的空白

发现语言结构与人之间的关系是那么微弱会令人惊奇。读者至此也许会名正言顺地觉得我的论点暗示了语言与文化没有关系，或至少不是什么重要或有趣的关系。

没有比这个更歪曲事实的了，在我继续之前必须说明，我所指的完全只是有关语言与文化的一个特殊论点，而不是全盘否定语言人类学。

沃尔夫主义与词

我们语言中的单词和词组可以是文化的，这一点对我们所有的人来说都是特别直观的。比如读者也许会问："他怎么可以说Insha'Allah（如真主之意）不是穆斯林表达自己的不可或缺的部分？"

我的回答是：是的，这些是文化在语言学里的表达。文化由人类生活而来；而人类又有语言；所以语言中会有单词和词组来表达文化的特征。如果语言和文化从未相交的话，我们的任务就变成了探索为什么它们在世界上——为什么它们在世界上从未相交过。

文化甚至可以直接明了地要求通过语法及单词来表达。地理是常用的例子。如我们所知，一个出现在平地上的文化意味着库库几米特人会说"在我北面"，而不是"在我前面"；而一个出现在山区里的文化像泽尔塔人则会说"坡上"，而不是"左边"。

好在我的问题并不是语言和文化是否相交。它们是可以相交的（虽然只是可以：同样住在山区环境里的泽契尔人还是说"左边"，就跟住在底特律的人一样。）但是我的兴趣是在沃尔夫主义里，与用来表达"前面"和"中间"的词很不一样的东西，诸如物体、概念和地形。沃尔夫主义的主张不只是关于语言里是否有词指代说话者想到的东西和环境。

沃尔夫主义提出语言使其使用者以某种方式思考——语言不仅是给文化中的特定东西和概念贴上标签，而且还让人们以某种总体模式去思考，比如上下而不是横向地处理时间，或者把感觉和吃、喝都归为同类行为。我的问题就像沃尔夫主义一样，是关于语言的问题，而不止是给人、地方、事物、行为加标签的基本水平。我所关注的是语言的语法如何运作，沃尔夫主义词汇中那些任意的细节（比如深蓝、浅蓝之分）；碰巧没有将来时；或者有冠词 the 和 a，使有的人，比如俄罗斯人（俄语里没有 the 和 a）很难学英语。

也就是说，与那些他们没有理由需要了解很多的语言相比，沃尔夫主义并不是关于说话者会立刻认为属于他们语言中很特别的东西——比如"我们说如真主之意（Insha'Allah）"，"我们住在山边"——而是他们不屑一顾但结果又很不寻常的东西。那正是沃尔夫理论的创新之处且使沃尔夫理论在几十年后依然得到很多关注。举个例子，涂尤卡人也许会问："是否有人不用说出后缀来表明他们是如何知道所提及之事的？"

是不是这些——即沃尔夫的"错综复杂的系统化"——就意味着讲一门语言的人以独特的方式看世界？当一个穆斯林人说Insha'Allah时，这当然是对她的文化的一种表达，是信仰伊斯兰教必不可少的标签——但问题在于，从整体意义上说，除了给简单的事物和概念以标签外，阿拉伯语作为一个语法或词汇体系究竟是否有任何与穆斯林的灵魂相合之处。我向任何掌握阿拉伯语的人致敬。但是那些他们花了很多精力去掌握的，比如动词结尾、性别、定冠词、喉音——有多少这样的东西，而不只是Insha'Allah那样的词句——是在琢磨穆斯林人是怎么想的？

基本上没有。他们掌握的语法混合体恰恰就是它原本的样子——是世界语言主题的六千种变体中的一种语言。

词啊词

然而，语言和文化的交叉比起语言用词代表其使用者认为重要的东西这种很普通的事实更为深刻。比如前面提起过的实际上只是一种更广泛、更不明显，因而更引人入胜的语言特征：经常被称为民族语义学。民族语义学探讨的是语言中一个词或一组词如何使用，表面上看似对不论哪里的人都意思相同，却根据说话者的世界观而改变。

那么中国人自20世纪80年代以来更频繁地使用代词"你"的正式体"您"，这一定是与某种文化因素相关的。同样的，汉语里哥哥和弟弟（或姐姐和妹妹）有完全不同的词，没有什么人会认为这与中国有着千年传统的伦理文化不相干。

在这种情况下，可以把沃尔夫主义看成是试图将民族语义学的观点扩展到超出直观的和立即可以证明的情况，比如这些汉语的例子，而我的宣言就是要对这种扩展提出疑问。把正式的"你"字用法的增加归因为对形式礼节的日益推崇是一回事，而把代表蓝色的词的缺失归因为看到的天空没有说英语的人看到的那样蓝就是另一回事了——虽然提出这种说法的人并没有时机去考虑——就好像是把不知名的族群没有不同的表示吃、喝的词归因为他们不像我们那样对美食乐此不疲。

沃尔夫主义主张把民族语义学的观点运用在不止是显而易见的事情上面。而我却恰恰相反，认为它就应该用在基本直觉所指的地方，但不能过了。然而这绝非否认实际民族语义学研究的博大丰富。

脱口秀喜剧怎么了？

还有一种语言与文化交叉的方式，是我认为在系统地对待人类差异时特别说明问题的，这种方式被称为交际民族志学。所有的人类族群中都有一套语言运用的基本特征。

如果抽象地去描述，它们看上去是显而易见的，甚至乏味。例如：语言的运用可能涉及一个人、两个人、三个人或更多的人；语言可以运用在布道时、婚礼上或随意的交谈中；语言可能为了不同的目的：讨价还价、某种娱乐、争论、引诱；语言可能涉及陈述、提问或引用；语言亦庄亦谐；语言可能是一长段连着来的，也可能出现在长的停顿之间，或是冲着你劈头盖脸地说的；语言的表达可以是口头的、书面的或其他方式的。

是的，这些本身实在看不出有什么真知灼见。但是当我们依照这套参考工具（上面所述的各种替代可能性都有特定的术语名称，有些选择还更多）来审视人类语言时，那些世界上看似"怪异"的做法就变得完完全全地、多样化地正常了。

比如巴拿马的库拿人(Kuna)每隔一天要听他们的首领做一个两小时的演讲，他会讨论政治、宗教或历史。一名被指定的回应者会在演讲的每句行文结尾时说"是这样的"。演讲的形式高度正规且引经据典，随后会有一位发言人用更明白的词语为观众做解释。首领则会突然放低声音以示演讲结束了。

这个我们听起来像一种"仪式"。恕我直言，我们可能会默认这似乎有点过头了或者至少是专断的。拿我们来说，我们不会经常听两个小时的"应该怎样"的演讲。但是美国人差不多一直这样做，一直到19世纪——像林肯的《葛底斯堡演说》只是一个附带节目，当时真正的焦点是演讲家爱德华·艾弗瑞特(Edward Everett)，他侃侃而谈两小时基本就是讲关于"应该怎样"的。美国人很像那时的库拿人，虽然他们不会这样去想。

但更重要的是，即使今天美国人和库拿人在说到那个讲道的区别时也仅是说传播工具的不同（交际民族志学里的术语）。库拿人经常听到的是口头传达的评论，而我们很多人每天都会从广播、电视或互联网上获取至少一个小时的"应该怎样"的评论。区别就在媒体、传播工具，而不是内容实质。

库拿人的首领用故作高雅的语体风格讲话——但我们很多人在接受宗教教义时也是这样，只不过是写在纸上了——所以还是属于不同的传播工具。首领的演讲风格不同于普通库拿人，就好像钦定版《圣经》里的英语与现代口语的英语不一样。文化的不同在于它们如何定位高级语言（相对于随意的讲话）——交际民族志学研究里用了一个相当模糊的术语叫不同的"信息形式及内容"——而不是在于它们是否有高级语言。

库拿人有他们的代言者来解释语言。这会让我们许多人想到周日教会学校，不过这也适用于主日礼拜本身的功能，或者说这个活动也是在关于"应该怎样"的意义上，学校老师或大学教授会把学者们的发现解释清楚。还有，是不是很奇怪库拿人的首领放低声音以示演讲结束了——但当一场足球比赛变得很精彩时，运动解说员会拉高声调去说每一句话，并以怪怪地拉长的元音来结束（"比赛正在进行中……阿灵顿上来了，只见他越过佩特逊，动作如此飞快，完了，阿灵顿触地得分了，今天的比——赛到此为止，最后得分 21 比 7……"）。想想看——解说员的声音那么热情但他自己并没有参加比赛，麦克风的技术也使他一点也没有必要提高音量或拉长元音，爱德华·艾弗瑞特才需要那样。但是如果一个解说员在面试时只是安静地描述他所看到的，他绝对拿不到这个工作：从表演意义上说，一个运动解说员必须掌握某种方式（交际民族志学的术语），就像库拿首领必须掌握的一样。

至于那个库拿回应者不断地重复插话说"是这样的"，这和爱德·麦克马洪比起来又有多怪呢？这个深夜电视脱口秀的"演出搭档"和库拿"回应者"的不同之处只是在于他所工作的"事件"（按交际民族志学的术语）——是广播表演而不是演讲。真的，他们没有多大区别。

对库拿人来说，美国人的脱口秀喜剧形式才是完全的"仪式化"，一个人拿了钱然后在一众人前站着，给他们背诵精心创作的评论，好让他们膈膜发痒笑上二十分钟，接着感谢他们的笑声，然后走下台去。这个就和我们在探索频道上看到的任何部落的做法一样奇怪而隐秘，而且它是基于一种对讲话风格、反应和表演性交织起来的期待。

我们觉得脱口秀喜剧再平常不过，这当然是语言与文化的一个很有意思的交集，用交际民族志学的模式可以理解。你会发现一个类似的方法叫作符号功能主义，这又是一种我们永远无法理解的为何语言可以不被当作文化变异来使用的方式。

文化决定语法：恰有其事

文化甚至是可以和语言的结构形态相关的，而不是和语言如何运用相关。小的土著群落讲的语言一般比大范围群落讲的语言语法更复杂，也更可能有那些难发的怪音，就像南非科伊桑族（Khoi-San）的狩猎采集者们所说的语言里有名的咔嗒声。很多人对此感到惊奇。因为人们可能会料想"先进的"文明里复杂的语法才更为典型。人类学家和带有社会学倾向的语言学家经常会说，他们认为关系亲密的团体对性别和复杂的动词时态等所表示的精确性的需求较少，因为共同的语境可以弥补城市生活的碎片化和非人格化。

讲的人较少的语言更复杂不是因为复杂性在某种意义上适合其说话者，而是因为一门语言如果有众多的人说，就意味着在一定程度上有非母语者使用这种语言，出于人人都知道的事实即成年以后很难再真正学会一门语言，它只能破罐子破摔，变得不那么复杂。

也就是说，复杂类的语言是常规——几乎地球上的每一种语言在经过无数个千年"杂乱"的积累后都变成了这样。先是来了一个女性性别标记，然后有了一个虚拟语气，接着是一些示证词，再后来语言有了声调——你永远不知道会发生什么，但总是有什么会发生，然后又有些别的。过了一段时间你就有了那很棒的一团糟，那就是语言。唯一干扰这一常规的是人们在成人期而不是孩提时学习语言的非正常状况——这多数发生在最近的千年里，因为技术使大规模的、快速的人口迁移变成了可能。

因此更精简的语言才是偏离常规。英语里没有西班牙语的语法性别（比如帽子 el sombrero/ 月亮 la luna 之类），它的动词变化也很弱（基本上就是零散的 -s 和 -ed 词尾），这些都并非偶然。当斯堪的纳维亚的海盗 8 世纪开始侵略英国时，他们学到了旧式英语，一种比现代英语复杂得多的语言，就好像一个典型的美国人学习法语或西班牙语一样。他们中的很多人娶了英国妇女，他们的孩子既听到了他们说的旧式英语，也听到了母语式的旧式英语。在缺乏媒介或普遍的识字读写能力的情况下，一段时间后，海盗的说话方式改造了英语曾经的样子。

然而在本书的背景下，我们应该注意到，虽然这确实是文化决定语法的例子，但其过程并不取决于特定文化的特别"需要"。英语在语言中是相对精简的，这不是因为说英语的人身上有什么特别的地方而不需要他像西伯利亚说着不知名语言的牧人那么精确，而是因为在其历史上有些很野蛮的事情曾降临过。只有在成年人"需要"尽可能地沟通这种情况下，"需要"才是有关系的，这与"需要"没有性别或过去完成时是不同的。

汉语、波斯语、斯瓦希里语、印尼语，还有世界各地其他成人容易学会的语言都是相似的情况。反过来，有些语言比如有咔嗒声的语言，有普遍不规则动词的纳瓦霍语，或有成千个前后缀的耶里多涅语，它们之所以复杂不是因为其说话者需要那样，而是因为那种复杂程度虽远远超出了人类交流的需要，却是正常情况下所有语言的样子。但是这也意味着像英语这样的语言，从广义上说，是文化对语法构造方式影响的结果。

语言与共性的澄清

我希望我已经明确了，像大多数研究语言的人一样，我认为如果把语言视为和语言使用者的文化完全分离，这样的学术文化不仅是枯燥的，从经验主义上说也是没有希望的。

例如，在语言显示人类共性的预言里，有的人自发地感到这是在为诺姆·乔姆斯基（Noam Chomsky）提出的所有语言都共享一套本身固有的"普遍语法"的理论叫好。现在全世界执业的句法学家群体都信奉那个理论：它视语言为建立在神经编码结构上的混合体，这种结构决定了单词在句子中的排列方式。要找出假设的神经结构目前科学还无能为力，但乔姆斯基式的句法力图阐明它们，通过推理，通过比较各种语言中的句型，以及通过用计算机科学家熟悉的抽象算法方式给它们建模型。

这项计划的一个基本原则是，所有的语言都是建立在一个单一通用的语法模式上的，只是因为各种"开关"上的交替设置才有了变化。按一下专门控制词序的开关，就有了"你拿了他的书"或"你书他拿"的语言间的区别。按另一个开关则决定你是否需要用主语代词：关下时就是"我说"，打开时则是西班牙语里的 hablo（我说），但前面没有 yo（我）。一个孩子只要学会她的语言是按哪个方向的开关的，然后再加入单词就可以了。

所以对乔姆斯基主义者来说，语言的语法多样性只是一个幻觉：骨子里它们都是同样的语言，研究语言时如果敬畏于其多样性而非潜在的相似性就不得要领了。大家知道有些不够仁厚的从业者甚至把从别的角度研究语言贬为"不是真正的语言学"，和钻研专业术语密集的乔姆斯基式句法比起来不够严谨。

如所预料，相当多的语言学家并不这样认为，他们觉得自己不仅对得起语言学家的名号，而且认为语言研究的方式如果不考虑说话者以及他们是什么样的人，是属于知识贫乏且从经验主义上说没有希望的。对他们来说，语言作为一种基本的社会现象，不能仅被视为好像计算机软件程序一样。事实上，尽管乔姆斯基派的语法句法学家们身上好似带着某种光环——乔姆斯基的名字也是有帮助的，在20世纪60年代当这一方法还很新，也不像后来变得隐士般的那样抽象时，它确实对语言学领域起到了革命性的作用——它对一个（有别于所有其他认知构成的）奇怪、复杂的思想组件所采取的独特、严格的概念化是大多数语言学家不能接受的。

我自己就是他们中的一个：我主张语言的多样性让我们学到了我们的共同之处，这并不是对我刚描述的普遍语法概念的拥护。像大多数语言学家一样，我相信使用语言是一种天生的倾向。然而，要对其神经构造作一个有望成功的假设，它将会是和进化理论及人类认知的基本原则相符的，但这种形式是乔姆斯基式句法甚至不会去尝试的。再说，我的很多语言学研究的重点是社会历史条件如何在整个人类历史中影响语言的结构方式，而有些为媒体做的工作则对现代社会背景下的语言进行了探讨。

总的说来，那么多语言学家和同行的旅行者们对沃尔夫主义自发的热爱，部分原因也是源于对乔姆斯基语言学派所持的某种文化霸权主义发自内心的抵抗。其中之一便是对那种不允许人格性的语言学提出的质疑。我确实认为这个观点本身变得有些条件反射和过于简单化——对土著文化的研究，或人们如何通过语言来建立他们的身份，这些对于发现那个使人类语言成为可能（无论你生于何处）的神经配置不会有何作用。乔姆斯基学派的抽象普遍语法概念将英语和日语塑成了同一种语言，只是有不同的开关切换，然而我的宣言并不是乔姆斯基理论的"狗哨"。我们如何说话当然和我们是什么样的人是有联系的。

继续往前

如此，除了我在这里已经讨论过的以外，语言和文化还有别的交汇方式。我对它们任何一种方法和结论都不持反对意见，而且即使是在这短短一章的基础上，我也不用再多说了：看上去语言与文化的关系大得很呢。

本书要挑战的是一个特定的问题。语言的结构，就其对词的作用以及它如何将词组合在一起而言，是否会共同促成对思想的塑造，达到我们可以合情合理地称为"世界观"的程度——即你对人生的看法强烈有别于对那个单词和语法的构造方式和你不一样的人？是不是每一种语言都如杰克·黑特所言，有"其独特的神学和哲学"，"就隐藏在它自己的筋腱里"，沉默、安静却有可以改变心智的力量。

很多人觉得对于这个问题的答案是肯定的，但他们用于得出那个结论的依据既解决了问题又产生了新的问题。我现在可以解释为什么了，但先要明确我并不是要争辩说语言和文化没有关系，而是说它们在一个被广泛讨论的、有着重要意义的及其特定的方面是相互独立的。让我们继续往下看吧，比如说去中国。

第四章 _ 轻视中国人？

沃尔夫主义的吸引力很多时候在于它认为别的族群的语言使他们更多地注意到某些东西，而说英语的人相比之下较少些。研究者们试图显示语言的某些特质使人们对有些东西更加敏感，比如物体的材质、蓝色的不同层次、由语言分配给没有生命的东西的性别等。真的，很多语言里充满了这样的结构，促使人们注意到环境中的细微差别，而一个说英语的人很难想象这些与任何语言的语法有何相干。你会不出意料地想到这种语言里所有那些花哨的玩意儿也许意味着对生活中某个方面的高度敏感——而我们其余的人应该对此叹服甚至学习效仿。

确实是英语以外的正常语言

让沃尔夫和其他美洲土著语言专家等思想家们进入此种思想框架的部分原因是那些语言在它们所关注的事情上会复杂到令人心烦。一个美洲土著语言留给人的印象往往是里面的东西太多了——也就是说，就为了说一句基本的句子你必须照顾到那么多方面。世界上那些具有太多细节、无比细致、讲究特质的语言里，除了斯拉夫语系外，几乎都是美洲土著语言，我很难理解有人可以毫不费力地说这些语言。比如几年前在加州大学伯克利分校一个关于克里语(Cree)的讲座上，我对理查德·罗兹教授一直这样说，我无法相信任何人可以在他们实实在在生活的语言里记住这么多东西——他明白我的意思，也正是因为那个原因而珍惜这种语言。（我之所以唤起大家对这复杂得可怕的土著语言的注意，有很大一部分要感谢他。）

加利福尼亚的阿楚葛语（Atsugewi）是一个很好的例子，虽然最近已经绝迹了，但当它还在被使用时，天哪！举个例子："煤灰流进了小溪"这个句子是 W'oqʰputíc'ta c ni? qápʰ c c'uméyi。在令人生畏的陌生感中将这个句子的每一部分分解出来未必会让我们却步；只要知道那一句话里有多少不可思议的烦琐讲究就足够了。

表示"动"的词是专门用在指泥土、灰尘之类的东西上的——如果是别的东西在动那你就要用不同的"动"的词。表示"进去"的词只用在当液体"进去"时，否则就要根据不同的物质来决定用其他"进去"的词（像那个新几内亚的耶里多涅语里有多个不同的词表示"上面"一样）。还有别介意句子里其他地方已经有一个后缀本身就是"去"的意思了——好像语言不知怎么地觉得那样还不够似的。另外还有一个后缀是告诉我们这个句子是事实而不是假设，虽然这看上去是显而易见的，因为那个人已经在说了，但是这种语言确实在 i 上加点，在 t 上划线了！然后还有 c（大致发"tsuh"的音）用来注明煤灰和小溪是名词——万一你还看不出来的话。

去推测这样的语言可能会怎样地塑造其使用者的思想会让人有种津津有味的感觉——比如"动"有许许多多不同的词，"进去"又是一件头绪纷繁的事，东西是东西，必须毫不含糊。这甚至可能会给讲英语的人带来一点自卑情结，因为我们的语言没有那么复杂详尽，尽管它本身也有好的地方。当看到阿楚葛这样的语言是如何运作时，我们都学到了优雅而确凿的一课：所有人类的心智都是平等的。

此处的沃尔夫主义看似是有益的。

但是。

* * *

各种语言往一个句子里塞进多少东西是不相同的，这种差异比阿楚葛语和英语的差异更大。就语言来说，英语大约排在简洁度的中位。我们很容易把英语的复杂程度想成是"正常的"，但还有很多语言会让英语看上去就像阿楚葛语一样。

让我们来看一个简单的、被翻译过无数次的句子："初始时，神创造了天与地 (In the beginning, God created the heavens and the earth)。"在那些以我们习惯的方式浏览的语言里，那句话需要注意某些语法过程。在英语里，这句话标注了过去时（created，创造了），有定冠词，也标注了复数（heavens，天）。在希伯来语原文中，这句话是 Bereshit bara Elohim et hashamayim ve'et ha'arets。这里 bara 标注了过去时"创造了"，也有定冠词（ha-）和复数标记（-im），以及用助词 et 把天和地标成宾语而非主语。

其他语言一句话里塞进的东西更多。俄语里这句话是 B na ale sotvoril Bog nebo i zemlju。俄语里没有定冠词，但是这里有过去时和复数标记，以及用后缀把地（zemlj-u）标成宾语。此外，俄语要求我们把"初始"标上方位标记 -e (na al-e)，而表示"创造了"的词 sotvoril 里的 so- 指明了创造是发生在某一刻，而不是很长一段时间的。

与欧洲和中东语言完全不相干的其他语言则有很不一样的运作方案，但是其忙碌程度也不相上下。菲律宾的主要语言他加禄语里，这句话是 Nang pasimula ay nilikha ng Diyos ang langit at ang lupa。你的句子如果不是以动词开头时，ay 这个小词就会跳出来。别管为什么，但你必须这样做——这就是语法。"创造了"一词 nilikha 里的 ni- 部分又是那种挑剔的标记，表示某个事情是真的而不是编出来的。他加禄语里也有凑合算冠词的：ang's 和 ng's 的区别与英语里 the（那个）和 a（一个）的区别很相似。

但是也有语言比起这些来要"无所谓"得多。在汉语里，这句话是：起初，神创造天地。那些词的意思就是"始—始—神—实现—造—天地"。

没有任何形式的词尾。没有过去的标注，没有定冠词，没有复数标记。没有任何宾语的标注，更不用说把"初始"标成位于"在"某个地方。说汉语的人无须提醒他们的对话者他们说的是"事实"，甚至不用在天和地之间用一个表示"和"的词来连接！始—始—神—实现—造—天地。

这就是汉语。对一个西方人来说，掌握这门语言很大程度上就是要习惯有多少是不必说的。但这样就引出了一个问题。如果说一门充满了材质的细微差别和东西的确定性或真实性的语言是窥见其使用者思想的窗口，那么我们该认为汉语语法向我们阐述了其使用者的什么思想呢？

更广义地说，如果真是一门语言的语法向我们揭示了它的使用者最会考虑的东西，那么对于一门语法上需要较少关注的语言，又能揭示它的使用者的什么特质呢？如果阿楚葛语代表了一种世界观，那么中国人的世界观就似乎相当困惑且贫乏。

在一篇不太经常被引用的文章里，沃尔夫似乎已经预料到他的框架需要论及各种语言间不同复杂程度的问题，于是大胆提出了："也许最终会是，一门语言明显地变得越简单时，它就越会依赖于隐性类型和其他隐性形式，也越会隐藏无意识的预设和前提，而其词汇也会更加多变且更难明确表达。"

你感觉得到沃尔夫认为这些"隐性形式""无意识的预设和前提"和无数"更难明确表达"的意思都是潜在重要的东西，但是很难想象有什么科学方法可以阐明这样的隐晦和模糊。这整个的想法无异于在说讲英语的人有思想而讲汉语的人几乎没有概念。

至此，沃尔夫主义看似危险了。

一个盛开的烂摊子

然而就汉语而言这算不上是背弃的情绪。毕竟汉语语法的本质就是这样，让人可能会冒险认为讲汉语使人看世界的方式不仅不同，而且模糊。学术界沿着这样的思路进行了推测，意料之中，传统上迎合沃尔夫主义的奇迹和浪漫瞬间消失了。问题是这对整个研究课题意味着什么。

心理学家阿尔弗雷德·布鲁姆 (Alfred Bloom) 在 20 世纪 80 年代早期所做的研究就是一个例子。布鲁姆唯一做的就是追随了几十年来沃尔夫研究的步伐，探讨汉语的运作是否影响中国人的思维。但是这次他关心的不是颜色用多种词表达，或一大批用来标识东西是什么材质做成的词，而是什么东西的缺乏。

也就是说，英语之类的语言在假设的编码上是非常讲究的。对一个讲英语的人来说，看到这样三个相似又不同的句子就像万有引力法则那样正常：

> 如果你看到我妹妹，你会知道她怀孕了。
> 如果你见过我妹妹的话，你就会知道她怀孕了。
> 如果你已经见过我妹妹的话，那你就已经知道她怀孕了。

这三句话意指了不同程度的非现实。第一句（如果你看到我妹妹……）是指某件事可能会发生。第二句（如果你见过我妹妹的话……）把事情变成了一个想象的场景。第三句（如果你已经见过我妹妹的话……）把整个事情转向过去，完成了它的假设性。

在汉语里，如果想要传达那些区别，只有加上平常一般讲话里不必要的那种刻意精致、详尽的话。这三句话都会说成是"如果你看到我妹妹，你会知道她怀孕了"，没有特别地标注过去时和条件（you'd，即 you would，你就会），而在英语里这是理所当然的事。

所以这个例子再次证明了，相对来说，汉语里真的不需要说太多。这三句英文句子逐字翻译的话大致都是："如果你看见我妹妹你知道她怀孕得到。"因此，如果深蓝和浅蓝由不同的词表示意味着俄罗斯人对不同层次的蓝色比我们感知得"更多"或"更快"，如果有一大批的词标注东西是什么材质做成的意味着日本人对材料概念的处理比我们"更多"或"更快"，那么当然了，既然汉语对假设的标注没有英语那么明确，中国人对假设性的处理一定"更少"或"更慢"，比起……

你可以想象这会引起什么样的反应。

这并非打击迫害，但它引出的一长串回应文章相较于让人比较舒服的沃尔夫著作，尤其是对于一本在网络时代前很久就出版的书来说，不免令人生疑。反对布鲁姆的文章主要有五篇，可一路追溯到 2005 年，距布鲁姆的书出版已经过去四分之一世纪了，那时布鲁姆无论在职业上还是思想上都早已不在原地了。你可以从那些回应文章的字里行间读出某种发自内心的情愫。所有的回应文章都完全专业且有礼，但有一篇文章的题目是《对阿尔弗雷德·布鲁姆的回应》——为什么这么针对个人？较典型的题目应该是《对布鲁姆的回应（1981）》或者完全不提他的名字。又如另外一篇文章的副标题《捡起那些碎片》——是什么破了？好像是有过争吵的，有些人就会这么想的。

坦白地说，如果布鲁姆是在我们这个时代发表他的著作的话，几乎可以肯定会有争吵。就说假设情况吧——如果现在布鲁姆敢说汉语使讲汉语的人对真实与想象之间的差别不太敏感的话，那么他将在博客空间里受到连续数月的严厉批评。彼得·戈登和丹尼尔·埃弗略特关于皮拉罕语的主张也引来了同样大的学术阻力，这并非偶然，因为沃尔夫主义的研究更多表现出了欠缺而非成果。

但布鲁姆并没有只是甩出他的推测而不加证明。他让中国和美国的实验对象看了一个故事，这个故事既可以反事实也可以实际地去诠释。7%的讲汉语的人和98%的美国人选择了反事实。他也问了讲汉语的人似乎完全合理的问题，比如"如果所有的圆是大的而这个小三角形是一个圆的话，它会是大的吗？"他发现他的实验对象基本上会回答"不会！圆怎么会变成三角形呢？这个小的圆怎么会是大的呢？你是什么意思？"这样的回答次数之多已经不可能只是偶然了，而讲英语的人这样回答的次数则少得多。

当这种思想传统被运用于高度敏感的美国土著人时，人们发现很有吸引力，布鲁姆也恰好处于这种传统中，他得出结论说，如果一门语言中的假设性主要是由上下文决定的，那它会使说话的人的思维模式对假设性不像讲英语的人那么敏感。

对布鲁姆做出回应的研究者们多年来得到的结果和他的并不一样。他们在解释为什么时涉及这些方面：对英语的经验程度如何影响中国人对这些问题的回答，布鲁姆在翻译成汉语时是否恰到好处，以及中国人是否可能更善于掌握用在平常情形下的假设性，而不是人为抽象的假设性。当然布鲁姆对此都做出了一一回应。

最终，观察者们做出的判断是布鲁姆的想法是不无道理的，但并不是会令沃尔夫主义者认为特别有说服力的那种。即使在布鲁姆一开始就得到的反应里就有几许真相：实验对象倾向于反对那些独特的"如果……会怎样"的问题，认为它们"不自然""不中国化""令人困惑"及"西方化"。对此布鲁姆猜测这些回答只是在表层上反映了有些最终受语言驱动的东西在影响思想。然而同样看似合理的是，这些想法代表的就是思想。

更具体地说，难道不是作为中国人的某些特质，而非讲汉语，使得他们不太愿意投入到无用的脑筋急转弯问题（为便于讨论，就以那个三角形变成圆形的问题为例）吗？

证明那个论点的证据应该是，如果说话者的语言里像英语一样富于假设性标记，但他们对假装三角形为圆形就像那些中国实验对象那样感到不自然，那样的证据是存在的。

语言学家唐娜·拉迪艾尔（Donna Lardiere）揭示了说阿拉伯语的人在回答上述问题时，听上去很"中国化"。阿拉伯语完全不是那种简洁的语言。它有明确的语法装置，必要时可以把假设性放到过去以产生过去完成时的"如果我已经"，以及必要时有条件的"would（就会）"形式的意思，因此"如果你看见我妹妹你知道她怀孕得到"对说阿拉伯语的人就像对说英语的人一样似乎初级得有些另类。但是拉迪艾尔发现当他们被问到诸如那个三角形之类的问题时，阿拉伯人的典型回答是："应该实事求是——圆就是圆，你懂我的意思吗？三角形永远不可能是圆形……如果我承认这个，就等于否定我的所有数学知识，就好像橘子怎么可能成为苹果？我认为是不可能的。"

看上去我们确实在处理心态的差异，但这是由文化而不是语言决定的。以上讨论的主要收获其实是本书的读者对像关于圆和三角形这样的反事实问题可能有的熟悉程度恰恰是文化的特质而不是人类的共性。如拉迪艾尔所指出的，不是只有中国人和阿拉伯人才会经常被没有实用背景的直接问题困住。诸如语言人类学家谢丽·布莱斯·希思的经典著作《词语之道》之类的研究所显示的那样，直接的、没有上下文的问题本身，类似"南达科他州的州府是什么？"这样的，是教育过程中用到的方法，在口语文化里一般说来是不太自然的，因为直接的问题常常会被当作是唐突的和有冲突性的。这可能也解释了美国的中产阶级和弱势阶层的孩子们（所有族裔的）之间在教育成就上的差异。

A.R. 卢瑞亚 (A. R. Luria) 在 20 世纪 30 年代时所做的相关研究也很吸引人，那是关于在现在被称为乌兹别克斯坦和吉尔吉斯斯坦的地方的不识字或几乎不识字的农民的。例如，卢瑞亚这样问实验对象："在遥远的下雪的北方，所有的熊都是白色的。诺瓦亚·泽姆利亚 (Novaya Zembla①) 也在遥远的北方，那里总是在下雪。那么熊是什么颜色的？"得到的回答基本是"我不知道。我见过一个黑色的熊。我从没见过其他的……每个地方都有它自己的动物"。听着熟悉吗？回答者们一般会觉得去回答现实生活中没有实际意义的问题是没有目的的，无聊，甚至有些可笑。

人类文化及次文化间的不同在于它们对本身就抽象的问题的开放和参与程度，以此为出发点可以有无数的切入方向。但是，要证明这种心态是由于缺乏特定的词或结构（比方说"我应该已经"或"我早已"）造成的，这样的证据并不成立。尤其在汉语上，我们可能会质疑我们是否真的想要这样做，因为这将意味着会发生影响大得多的问题。

具体地说，如果你的语言里没法表示"我应该已经"或"我早已"就令你对假设性难以很快理解接受，那么想象一下汉语里还缺那么多其他的元素，又会是什么样呢？汉语里没有定冠词，也没有过去时和将来时的标注——没有"我走过 (I walked)"或"我将要走 (I will walk)"的区别；时态通常由上下文决定，而且没

---

① 原文单词疑有误，应为 Zemlya，为地名，位于俄罗斯境内。——编者注

有歧义。汉语不分他、她、它（作者指发音），也没有示证标记，更不要提虚拟语气了。它甚至一般都不标注复数。总的说来汉语比较轻松淡定。真的很淡定。

想象一下，这些研究语法而非特征的一篇又一篇细致的文章也许有足够的理由说明汉语"对思想的影响"，如何令其使用者对这些生活的细微差别极不敏感。而其结果就是一个迫在眉睫的命题，无论用多么巧妙的措辞，都会造成一个可怕的案例，即中国人的领悟力不是特别快。

对这个结论的谴责将是迅速并充满愤怒的，也正因如此，我们迫切需要重新考虑——即使是更精致的沃尔夫实验所揭示的心理差异也是那么微小。当实验结果可能被看作是某些族群视时间为纵向时，或者当蓝色的不同色度"突显"到足以扭曲他们对毕加索蓝色时期画作的理解时，很多人会试图把那些微小差异解读成某种更大的含义。然而，对于布鲁姆研究的争议其实恰好暗示了同样微小但存在的结果，意味着语言对思想是有一丝影响的。

布鲁姆在他的研究计划的一个分项中发现，讲汉英双语的人比只讲汉语的人表现得更好，将其归结为掌握英语让人具有通向假设性的能力，而只讲汉语的人是没有的。另外，L.G.刘，之后是大卫·叶和迪觉尔·简特都指出了讲汉语的人在面对熟悉的情境而不是抽象的情境时，更容易察觉到反事实性——而这种区别在讲英文的人身上确实小得多。

然而，在这里，当我们面对的是中国人可能表现出的一个障碍时，请注意，如果把那些在人工条件下辛苦费劲地瞥见的细小差别，放大成关于一个族类和他们如何在生活中运用认知的陈述，那似乎没什么意思。

选择哪种差异是重要的

汉语里的复数标记相较于其他语言，可以帮助阐明问题的关键。

汉语里不太关心东西有多少。只有在需要很明确时，或更多的是当它们是活物时，东西才需要标注成复数；否则的话，复数大多是含在上下文里，没有人会在意。在其他语言中，只有欧洲语言（复数）严格得出奇，只要是超过一样东西就要明确表示。注意上面这句话如果改成"只有欧洲语言（单数）严格得出奇……"也是完全可行的。

又以《创世纪》为例：英语里有"神说：'让水带来成群的生灵（复数），让鸟（复数）在地的上空飞。'"汉语是"神说：'水要多多滋养有生命的物（单数），要有雀鸟（单数）飞在地面以上。'"汉语向我们展示了复数的标记虽然看起来那么正常，但其实就语言来说，就像走着走着抽筋了一下，或是得了强迫症。阿楚葛语意味着你就必须明确是哪一种移动，向着什么去，并且记住总是要说明名词是什么，名词是名词。同样的，英语就像是一份契约，你同意每当有超过一样的东西时，你会清楚地表明。任何语言都会在某处冒出什么泡泡来。

然而，不难想象可以设计一个沃尔夫实验，这个实验表明当给讲汉语的人看屏幕上的两个（而不是一个）东西时，他们在某种程度上，（程度很轻微地）没有那么真切地感受物体的数量。毕竟，为什么不呢？在引言里，我提到过沃尔夫学派的问题在于每次只考察几种语言，甚至沃尔夫学派还只考察非常受限的一套语法特征。如果说语言塑造思想，那么怎么决定是语言的哪些方面塑造思想的？为什么不看看语言是如何对复数进行编码的？

或者是如何不对复数进行编码的？对于汉语在标注复数上的苍白无力，沃尔夫主义的理解想必和其他所有地方一样，即"语言塑造思想"。然而我们中的大多数人可能都会怀疑，我们真的会认为，对于需要洗两个杯子而不是只洗一个，两辆公交车开过而不是一辆，客厅里有两个人而不是只有一个，中国人就如此明显地不熟悉？或者，如果中国人真的在处理二重性问题的瞬间没有讲英语的人敏感，那是不是在某种程度上任何人都可以合理地考虑"处理"存在的不同方式了？

从另一个极端去观察时我们对这个概念获得了新知。可不可以假设这样去分析一种语言，即让它的使用者对复数比英语更熟悉。假设有一种语言，如西方人很少知道的非洲语系中的一种，像生活在水深火热中的苏丹达尔富尔(Darfur)人民说的那种。

他们的语言称作富尔（Fur）（达尔富尔的意思是"富尔人的土地"）。在富尔语里，复数基本上是不规则的，绝对是这样。在英语里我们在词后加 -s 作为复数，除了十几个奇怪的例子，比如孩子（children），老鼠（mice），鹅（geese）和男人（men）。但是想象一下，有一种语言几乎所有的复数都是这样的，那就是富尔语。小偷（单数）是 kaam，小偷（复数）是 kaama；但是眼睛（单数）是 nuunga，眼睛（复数）是 kuungi。你以为英语里的孩子的单复数怪吗（child/children）？试试富尔语：孩子（单数）是 kwe，但孩子（复数）是 dogala！所有的名词都是这样的——你只要知道就可以了。

在与富尔语相通的苏丹丁卡语（Dinka）里，火（单数）是 biñ，而火（复数）是 biiiñ，即把中间的 i 变成三倍长（是的，真的这样做）。棕榈果单数是 tuuk，用低音调说的；如果用高音调说就成了棕榈果的复数。男人（单数）是 mooc，男人（复数）是 Rooor！女人也厉害——女人（单数）是 tiik，女人（复数）是 djaaar！但河马倒没有：一个河马是 roow，两个是 root，你只要知道就可以了，就像你要知道一片草叶是 nooon，当有更多时便少了一个 o 变成 noon，以此类推，每一个名词皆如此。

几乎没有任何规则可循。这可以当作沃尔夫学派分析的一个重要来源。如果俄语用不同的词描述深蓝和浅蓝意味着俄罗斯人对蓝色调的感知比讲英语的人更生动，那么接着我们可能要问一个相似的问题。如果讲富尔语和讲丁卡语的人对两样东西或一样东西用任意不同的词，那么想必这意味着讲富尔语和丁卡语的人在感知不同程度的复数时比讲英语的人更生动。如果说俄罗斯人有他们的蓝色，那么富尔人就有他们的眼睛——nuunga 和 kuungi——以不同的"眼睛"看世界，对吗？

就假设一下，一个实验显示了说这些语言的人在看到屏幕上的图从画着一所房子变成画着两所时，他们按键的速度比一个从纽黑文（美国康涅狄格州）来的人就快了那么一刻。或者，给他们看一个大方块里有两个点，当屏幕上在两点下面加了有两头牛而不是一头牛的图标时，他们按键按得更快。

我没有顶尖的新沃尔夫派聪明；他们可以设计一个更贴切合宜的实验。但是我试图看一个更大的问题。对于俄罗斯人及他们的"蓝色"，或者欧洲人和他们用高音说话的"桌子"（有一个研究显示了当一门语言给无生命的物体分派性别时，讲这门语言的人在统计学上更有可能把它们想象成具有与其所属"性别"相符的特征），很多人都接受这些理论。但是很少有人会喜欢这样的理论，即在现实生活里，某些非洲部落的人在处理一只狗和两只狗的差异时比读这本书的人还快，对此人文主义者或一个有兴趣且喜欢听 NPR（美国国家公共台）的外行应该关注到。

可以设想，无论一个心理实验可以在非自然的环境中从一个人身上勉强挤出些什么，无论在过分呵护的心理实验环境下可能得出的结果之间差异多么小，所有的人类在一还是二的问题上都有着相同的心智体验，具体地说包括什么可以影响我们所知道的，我们正在过着的生活，我们如何应对它，以及在这个基础上我们创造了什么。

丁卡语酷在所有的复数都不规则。所有的语言都以其各自的方式而精彩，犹如有生命的东西、雪花、海顿的弦乐四重奏，或者电影《伟大的安伯森家族》所呈现的样子，如果奥逊·威尔斯被允许做最后的剪辑的话。但是丁卡语之酷并不是它使说这种语言的人对存在不止一样的东西产生一种怪异的敏锐。

* * *

问题是为什么同样的定论却不适用于俄罗斯人的蓝色、日本人及他们的材质，或者甚至是沃尔夫学派施于中国人的另一特征，即他们所谓的时间纵向感。沃尔夫学派的目标是："当然所有的人都会处理复数或单数——但我们所关心的是视觉、感觉和时间之类。"然而我不知道有什么分析解释过为什么视觉和时间对于认知来说比数字那样的基础体验更重要。无论多奇妙的研究可以显示反应上的毫秒之差，如果一位研究者声称，对于面前站着的是两个人还是一个人，中非的一个牧羊人比明尼阿波利斯的一位会计师或北京城外的一个制鞋工更敏感，这位研究者是不会获得认可的。那么，为什么语言里其他任何方面存在的毫秒之差却可以对人们如何看世界这样预示性的事情有显著的揭示作用？

无论答案是什么，它们都必须符合这样的事实，即世界上有无数的语言，它们呈现给一个讲欧洲语言的人的不是更多——深蓝和浅蓝——而是更少。它们中的有些甚至没有"更少"这个词。在南美洲苏里南的雨林里，16世纪时从自己国内的种植园逃出的奴隶后裔今天生活在蓬勃发展的社区里，讲着他们自己的叫萨拉玛肯（Saramaccan）的语言。这是由英语、葡萄牙语、荷兰语和两种非洲语言的词和语法混合而成的一种语言，但并不是它们中的任何一种的变体，而完全是一种独立的语言。

作为一种真实的语言，它有它的奇怪之处。其中之一就是如果要说"她没有他顽皮"，你必须说"他比她更顽皮"；这个语言里就是没有和"更少"相对应的词。有很多语言都没有"更少"这类的词；你想想看，其实没有关系——只要有办法说"更多"，"更少"从技术上说就是做样子的。你总是可以提及更多的那个元素表达你的思想，而不是提结果更少的那个。

这是不是就意味着萨拉玛肯人，虽然和我们一样充满活力地生活着，但对程度的差异却没有其他族群熟悉？更重要的是，请注意，尽管说起来沃尔夫主义对语言是否塑造思想有着纯粹的求知兴趣，但有人试图找出答案的可能是多么小。在把其他语言和英语做比较时，沃尔夫派所寻求的可以说是偏爱更多的而非更少的。然而，这就让东亚和东南亚的几百种语言对沃尔夫学派来说变成了冒险事业，因为它们的模式和汉语很相似。如果一个老挝人用他的语言说"你准备食物时就不怕上司会很讨厌吗？"他会表达成"你不怕上司恶心吗？你让他吃？"没有时态，没有冠词，没有进行时(-ing)，没有"当……时"(when)的连词。如果语言影响思想，那么我们会将什么样的思想归到老挝人头上呢？或者泰国，考虑到泰语和老挝语基本上是同一种语言？

这里可能会有反对意见。当然一个沃尔夫派学者可以研究的不仅仅是语言里明确标注的或多或少的问题。我们甚至在汉语里也遇到过，在研究说汉语的人是否纵向处理时间时：这不是指汉语对时间的标注是否详细，而仅是指它为此目的而恰好用什么样的词。但是，这让我在这一章里提出的问题依然成立且迫切需要答案。

为什么呢？所有的语言都千差万别，且是很任意的差别，类似英语里的下个月是汉语里的"下（面的）月"。就以此为例，西班牙语里是"要来的月"，俄语里是"跟着的月"，印尼语里是"前月"，等等。然而，除了所有语言之间都有的这种半斤八两的差别外，汉语以其独特的方式在很多方面有别于其他：相较于欧洲及其他大多数语言，其简洁的本质独树一帜。

这一特质会和"下（面的）月"之类永远站在一起，正如阿尔弗雷德·布鲁姆所见，似乎与其他任何东西一样，都可以成为沃尔夫派关于语言塑造思想的问题的讨论主题。然而，布鲁姆的研究在多伊彻的《话／境》里甚至没有被提到。虽然那本书足够诚实地体现了沃尔夫学派表现如何，但可能布鲁姆的故事看上去实在太别扭了，哪怕把语言作为不同的视镜来看都没有余地。

这里传达的主要信息是尽管人类的基本认知是一致的，语言却可以精彩纷呈。但主要信息并不是语言如何不同可以教给我们如何不同的认知。虽然后一种分析更诱人，但它永远都会因遇到某些东西而碰壁，比如在印尼各地，在非正式言谈中说"某个人在吃鸡"可以只说"鸡吃"！任何在印尼住过的人都可以证明这个国家的人民非常具有反思性，远远不是像那样的句子——典型的很口语化的印尼语——所反映出来的语言塑造思想。那本反响热烈的沃尔夫派著作到哪里去了呢——它是关于某些语言如何可能会使语言的使用者不太注意到有些对存在很重要的东西？我在本书里的目标是要展示语言的本质让我们甚至不需要把那个视作一个问题。

但它确实是一个问题。就像可能会攻击我在讽刺沃尔夫派的作品，而它只是提示说一种语言会使其使用者只是有点更可能以某种方式思考。只是有点。那种还击在针对一个人可能会如何生动地感知蓝色的不同色度，或甚至是一个人可能会如何纵向地感知时间的流逝时都还可以。但那样的还击也逼迫你承认汉语的简洁本质暗示了其说话者有点傻。并非讽刺——只是有点。但还是有的。你想要玉米粥？但你必须把肉汁也拿去。

也就是说，在面临汉语的简洁性时恰当的回答是说任何认知的结果都太小了，不足以被视为影响思想和文化，那么有人一定会问当数据甚至显示出对人性的某个方面更大而不是更小的灵敏度时为什么结论却是不一样的。

沃尔夫主义和节俭

或许还是有可能从汉语的简洁中发现沃尔夫主义的金矿呢？已经试过了，虽然方式怪异但还是愉快的。我总是怀疑有人是会尝试的，因为这种方法有过一个先例，一些语言学家在大胆尝试相关的问题时有过突发的念头。

在学术语言学领域里有一种老生常谈,即所有的语言都是同等复杂的。这种老生常谈出发点是好的,也是善意的,因为其本意是寻求表明"未开发"族群的语言也不是胡言乱语。20世纪早期那些影响过沃尔夫的语言学家/人类学家,例如爱德华·萨丕尔和弗朗斯·波尔斯(Franz Boas),通过表明美洲印第安语比如像纳瓦霍语比法语和德语更复杂,把这一发现变成了定论。

天啊,真是如此!然而,这里本是推崇且保守的立场——其本身是无价的——最后却变成了从任何语言都可能不如任何一种别的语言复杂的观点的退缩。这种感觉在语言学家、人类学家和同行者间依然有主导地位。但是不可能没注意到,就复杂度而言,语言确实是有差异的。

凡是懂英语和汉语的人不会错过我们在这一章里所看到的,即总的说来,如果是一个典型的汉语句子,比起一个英文句子你只需少说。但是,大多数人并不太知道的是,与世界上可能大多数的语言相比,英语其实更像汉语。比如,像我在第二章里提到过的巴布亚新几内亚旁的罗塞尔岛上使用的语言,一个典型的句子里必须囊括的东西对一个说英语的人来说做梦也想不到需要真的这样面面俱到,像无数个细细分类的"在什么东西上面",或者用各种后缀来表示你所提起的他或她是不是你刚才正在讲到的那个人还是新的他或她,甚至还有其他后缀来表明你是否正在做什么事情(比如走路)还是只是正在经受什么事情(比如倒下来)。

有些语言就是要比其他的语言忙碌得多。

有些语言学家也知道某些语言对现实中的细微差别关心得少得多——比如汉语——为了对此做出回应,有些语言学家设法维持所有语言都是同等复杂的观念:要从上下文获得信息的想法本身就有复杂性。在这种分析下,有两种复杂性。第一种是像英语必须加 -ed 来标注过去发生的某事,或者以"如果"和"那么"以及条件语气等来细心标记不同程度的假设性。但还有一种复杂性是像在汉语里你必须从上下文来获得那些信息。那种对上下文的依赖本身就是复杂的。

那,好吧。我觉得这个观点是强加的,没有人科学地证明过。但是,它一直都在那里,并且它意味着有人会提出,既然汉语里不存在也是一种复杂,那么没有某一语法特征与有某一语法特征一样可以迫使注意力指向某样东西,这只是时间的早晚问题。

这正是耶鲁大学经济学家基思·陈 (Keith Chen) 所提出的关于汉语和其他语言的观点。他的论点奇异而大胆。汉语里没有像英语的将要 (will) 那样的将来时标记。很多语言里都没有,主要靠上下文来表达将来。陈提出,在语言中不经常标注将来的国家,比如中国,缺乏对将来的标注反而使人们更多地注意到未来性——也因而使他们更可能存钱。还有对预防性的健康措施也更关注等。要搞清楚:这一观点不是说有将来标记会使人更多地注意到将来,而是没有更会使人这样。

不必说,这深受媒体的欢迎,尤其是陈提供了经济学家所擅长的深度量化的分析。也许，人们的语法如何运作真的可以悄悄地影响他们国家的经济？虽然看似奇怪，但也许真理就在数字里呢？无论概念看似多么离奇。

不，恐怕不是的。陈的一张很棒的图可以让我们发现事实真相。深色的条柱代表了经常且认真标注将来的语言，这对讲英语的人来说视为很正常的，比如，我走（walk），我走过了（walked），我将走（will walk）。浅色的条柱代表了把将来基本上交由上下文的语言——在世界范围里，其实还是相当普遍的。

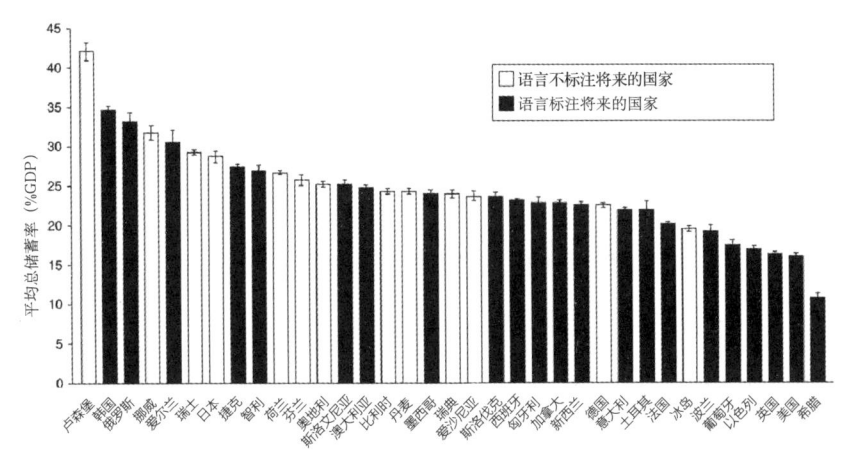

图 4.1 经合组织国家储蓄率，1985-2010 年
注：语言里高度标注将来的国家平均储蓄低 4.75%。t = 2.77, p = 0.009

陈所展示的图显示了标注将来的语言簇集在储蓄率低的国家。我们已经可以看到，尽管按统计结果有将来标记的语言的国家少储蓄 4.75%，但整个图却令人不安地倾向于深色和浅色条柱相当分散地分布——有些浅色的夹在深色中间，也有很多深色的处于浅

色中间。统计数字揭示了现实吗？当然——但只有当语言学的分析很扎实的时候。但这里恰好不是的。

陈虽然积极努力地参照语法，但他却被误导了，事实上，在解释一种语言是否像英语一样经常性地标注将来时，语法终究是不可靠的。例如，陈把俄语列为标注将来的语言。当然，如果你是看专门教说英语的人怎样具体去表达将来时的俄语语法，你是会得到这样的印象的。然而，俄语里没有任何像英语里的"将要(will)"那样的将来标记，或者像提到过的法语和西班牙语的将来时动词变形。

事实上，学习俄语的一部分就是要理解接受如何通过一些似是而非的东西来含蓄地表达将来。怪不得文学评论家埃德蒙·威尔逊曾经大胆提出——也许是在学习了一些沃尔夫主义后——俄罗斯人不能准时的特征就是因为俄语里没有将来时。

甚至英语里在某种程度上也是这样：你会说"我们要买一辆本田思域(We're buying the Honda Civic)"，这里我们用一种叫现在进行时的构造表达我们将会做的事情。设想有人问："那么，你们要买车的事情怎么样了？"如果你回答"我们将买本田思域(We will buy the Honda Civic)"，你大概是昨天晚上才学的英语。

在俄语里，将来通常是以这种方式捎带在别的东西上的。其细节说起来令人压抑，且在这里也没有必要，但是完全可以这样说，英语里大的差别是在现在、过去和以后，而俄语里大的差别是在"还在进行中"和"就是那一刻"之间，无论是过去、现在或将来。在俄语里，将来就是以不同形式的"就是那刻"来表达的。所以，ja pisal 的意思是"我（曾）正在写"，也就是写正在进行中。但加了 na- 后是说 ja na-pisal，意思是"我（曾）写"——就是那刻。如果要告诉别人（现在此刻）写什么，是说 Na-pishi！同样的，要说"我将写"还是用 na- 并说成 Na-pishu。其根据是你并不是在说写下来，写了一段时间——其实你的意思是你将要开始写什么。此刻，写作将要开始。

但是这意味着在俄语里，你想不出有标记是专门用来表示将来的。俄语里没有可以学习的将来时词尾表。一个俄罗斯人要向讲英语的人解释俄语里的"将来"是什么样的会很狼狈，通常最后只能举例说明，例如像 Na-pishu，其词尾在动词变形里属于现在时。是的，你可以用 be 动词来说"我将要正写着 (I'll be writing) - ja budu pisat"。诸如此类可能是陈碰巧遇上的。但那也是属于很次要的、落选类的"将来"——回到本田的讨论，想象一下哪个可怜的人说道："我将要正买着本田思域 (I will be buying the Honda Civic)。"你只偶尔需要这样讲。总的说来，对于一个说英语的人来说，学习俄语就是在某一时刻要问："你究竟如何把动词放入将来？"

所以那就意味着在陈的图上，代表俄语的柱子应该是白色的。如果真是白的，对陈会是好事，因为恰好就是俄罗斯人其实很会存钱。对他来说，把俄语当作有将来标记的语言，他还得将其划为"噪声"，因为他的理论是有将来标记的语言使其使用者存钱存得更少。但这其实反而造成了更多，而不是更少的问题。

俄语是一个语系中的一种，属于斯拉夫语系，其中的语言基本上都是如此。捷克语、斯洛伐克语和波兰语里的将来都是这样的。正如陈对俄语的判断一样，他把所有这些语言都划为是有将来标记的。然而在他的图上，捷克人很会存钱（即使在他自己的分析里也还是一个问题），波兰人很不会存钱，斯洛伐克人则介于两者之间。

这就让陈的研究陷入混乱，无论我们如何去解析数据。也许我们会说，虽然俄语及它的友邻们没有一个像"将(will)"一样的词或前缀是专门用于将来的，但它们也需要说话者做些什么来表示将来，即使那个什么也可以用在别的事情上。我们也可以说如果把它们称为非将来语言是在吹毛求疵。但是，又为什么在那个图表上俄语、捷克语、斯洛伐克语和波兰语散布得到处都是呢？如果语法造就了节俭，那它们不是都应该簇集在一起吗？

但是如果我们接受这四种都不是标注将来的语言，应该都是白色的，那么那个分布依然有致命的错误。尤其是波兰语，它独独跑到图的右方和那些不擅储蓄的语言在一起做什么？波兰人和俄罗斯人一样，如果要告诉讲英语的人如何"用动词表示将来"会很困难，也是基于同样的原因（写这个时我刚和一个讲波兰语的人交流过以证实确是如此）。我们也许还可以加上这个：捷克语和斯洛伐克语基本上属于同一种语言——如果我们真的看见语法与自律的储蓄间存在着有意义的相关性，那为什么在图上这两种语言的使用者中间隔了那么多个柱子？

与此同时，斯洛文尼亚语也是斯拉夫语系里的一种，而它恰好有实在的将来标注结构。但在陈的图上，斯洛文尼亚人是不是在属于节俭的领域里太靠左边了些？说起来有将来标记的语言应该是恰恰不鼓励其使用者未雨绸缪先存钱的。

还有更多的例子。比如，韩语也需要讲英语的人放弃"将来标记"的概念。韩语里没有与"将要（will）"相应的词——陈认为有的印象可能来自一个前缀，其大致可译为"可以"或"或许"，但并不是将要。

不管那四个斯拉夫语的条柱是白的还是黑的，它们横贯于整个显示节俭度的图中，再加上韩语的问题，让陈的图变得具有随意性。综上，考虑到陈的图实际上是与正在讨论的语法对应的——例如有将来标记的斯洛文尼亚语就排在讲英语的澳大利亚旁边，却在也讲英语的美国左边二十一根柱子的地方——美国储蓄率那么低的原因与"将要"这个词有任何联系的可信度到底有多少？

不叫的狗

当研究结果是否定的

所以就这样了。甚至连试图揭示汉语所具有的特征和中国人是如何思考的之间的联系的努力也搁浅了。我们已经看到了在研究汉语里"下面的月"是否意味着讲汉语的人对时间的感知具有显著的纵向性时，其结果是多么不堪一击。再则，一个有关其他存在，而非不存在东西的类似问题又在汉语里冒出来了。这次是和我们通过妮维雅试验看到的日语里同样的材质标记。

记得吗？在日语里，如果是一个数字，你就得根据某样东西是什么样的而插进一个不同的小词。两只(hiki)狗，还是两瓶(hon)啤酒，诸如此类。汉语里也有同样的泡泡：两只狗，两条河，还有很多。这些小词在某种程度上与正在讨论的东西的实际质地相对应，比如很多动物、很多细长的东西。然而，它们远远不止于此，以至于总的说来，会讲这门语言就意味着会知道哪个词会和哪个小词一起用，只是"因为"。例如，为什么汉语里既有两把剪刀也有两把雨伞？你就只能接受它。

然而沃尔夫主义意味着讲汉语的人不管怎样必定会认为剪刀和雨伞在某种程度上是一样的，因为——请听好了——语言塑造思想。但是在别的语言里，当你必须在数字后面用这样的小词时，它们却是交替任意地运用的。还记得日语里的（量词）hon 吗？它既用于（一瓶）啤酒，也用于很不相干的东西，比如（一支）铅笔，（一通）电话，（一部）电影。于是，沃尔夫主义会令我们预测，讲其他的有这样小词的语言的人必定会把恰好使用同一个量词的东西在脑子里归成一类，例如像日语——或者是泰语，你会说两 tua（条）鳗鱼，也会说两 tua（张）桌子。

但事实上，讲这些语言的人并不会像那样把事物归类。有研究显示，讲汉语的人对于剪刀和鳗鱼归属一类的认同性并不亚于对剪刀和雨伞相似的认同，尽管在汉语里剪刀和雨伞需用"把"，而鳗鱼之类的细长物需用"条"。同样的，泰国人把鳗鱼和雨伞归为一类的可能性与他们把鳗鱼和桌子归为一类一样，尽管在他们的语言里鳗鱼和桌子要用 tua, 而雨伞却用一个不同的记号 k^{h}an。

简单明了地说，这个研究显示了，尽管讲汉语和讲泰语的人日常生活中每天都用到一些小的量词，每个量词对应着常常是随意凑起来的一组名词，但他们并没有在任何深层次上就把这些物体看成相似。也就是说，会说汉语并不等于就会变成一个认为剪刀和雨伞不知何故就相似的人，这无异于其他任何理性之人。

最终我们必须问，这是否值得惊奇。如果是的话，就不能解释为什么讲汉语的人并没有比讲英语的人对事实与可能性之间的差别更不熟悉。语言之间虽有差异，思想并没有。或者如果有的话，是因为——哈，看看！——是由文化所造成的文化因素，而不是语法。

* * *

沃尔夫派的冲动会抵制这种说法。当然数据还不完全。但什么是数据呢？在这里相关的数据就是"始—始—神—实现—造—天地"和"如果你看见我妹妹你知道她怀孕得到"。数十亿——是的，如果我们把讲普通话的，讲其他各种汉语变体的，还有东亚、东南亚讲无数种类似的语言的，把讲这些的都加起来真的有数十亿的人——他们在日常中就正是这样讲的，从远古起就是。

沃尔夫主义认为所有的族群都具有高级认知能力，甚至在认知上很有趣，这一点应该珍视。但是接着也要承认对语言强加控制会趋于把本来显而易见的东西沦为毫无意义的研究。然后再来试着拥抱语言塑造思想的理论吧。研究表明它做得到——或者更确认地说，它可以做到。可以有所做到。

但是这个"有所"是不是足够可靠，足以到我们凭借一个讲汉语的人的语法就可以告知她有些笨？

第五章 _ 英语的世界观

　　沃尔夫派的研究把英语和其他语言相比较，目的是要显示别的语言是如何使讲那些语言的人与讲英语的人有不同思维的。然而，对于英语如何使我们的思维有别于其他的人，却很少被研究到，但它对于评估经常从沃尔夫派研究中得出的意义又是有用的。

　　可以说这就是关于其他语言的研究所显示的，虽然表达得不尽相同。如果俄罗斯人对深蓝、浅蓝差异的感知比我们更显著，那么我们对其感知就比他们更不显著。如果一些澳大利亚土著人对自我的感知取向于地理坐标，那么我们对自身的定义就是并非如此。

　　然而，诸如此类的事实感觉有点不得要领。经常看起来反而是讲英语的人不为甚于有为，对事物较不敏感，缺乏别人应有的东西。当然并不是说我们的语言生来就比较麻木，但如果有那样的现象出现，应该是英语使用者对讲英语的观众通常做的实验的人工产物。

　　那么问题来了：如果大多数的沃尔夫派研究是从第三世界语

言，或者甚至是日语或汉语的角度出发进行的，那么英语是如何以引起观众兴趣的方式来塑造讲英语的人的思想的？当然没有必要去假设英语会公然彻底地禁止我们做任何思考，无异于其他任何语言会对讲那门语言的人施加这样的影响。我们在本书里早已确定了现代沃尔夫主义研究的是倾向，而非绝对。但是问题依然是：英语是如何影响那些讲英语的人的思维模式的？

很多人已经注意到了这个问题有多怪。对于我们的语言创造了一个独特的英语世界观的说法不像日语创造了一个日语世界观来得那么直观。一个叫作库库几米特的语言创造了它自己的世界观，这并不难想象，因为光是这个名字就意味着与我们相去甚远的一种生活和世界。但是当说到将来时态的标记，如何表达之前与之后，或者对名词的非存在性性别标记时，对于一位在圣路易斯郊外的沃尔玛超市里正伸手取下一盒麦片的男子来说，这些究竟给他创造了什么样的世界观呢？

这个问题值得探讨。在本章中我们将只专注于一句英文句子，并以沃尔夫理论来研究它，就同我们通常用它来研究别的语言一样的方式。但是，我们不会来细看《圣经》或亨利·詹姆斯，甚至亨利·米勒书中的一个段落，我们想要看的是活生生的口语。但是我们也不是要看沃尔特·克朗凯特（美国节目主持人）或希拉里·克林顿的讲话。在语言塑造思想的构架中，我们一定要保持至关重要的一点，那就是我们参照的并非偶像们在大庭广众下缜密的发言，而是日常生活中人们真实随意的言谈。

什么样的生动真实呢？例如，一个周日的早上在泽西市我听到一个大约十六岁的男子在上学路上对他的朋友说了些什么。值得说明的是，他是黑人，这一点本身就有用，因为任何声称英语塑造思想的理论应该既适用于一个订阅《大西洋月刊》的中年人，也适用于他的身上。在对待英语塑造思想的问题上，我们必须顾及各种各样的人，并且就此而言，不仅是美国的，还要是全世界的。再者从某种程度上说，这个家伙对句子的演绎受到了被普遍称为黑人英语(Ebonics)的方言模式的影响，这些与评估沃尔夫派在语言和思维上的发现也是非常相关的。

记得吗：那些发现当然表明了语言在极其微小的程度上可以塑造思想。问题是从那个程度上我们究竟可以引出关于人类的何种含义。对于这一点，以下是2012年的一个早上一个人对他的朋友说的："Dey try to cook it fast, I'm-a be eatin' some pink meat!"

如果有谁需要翻译的话，标准版本应该是"如果他们想要烧得太快的话，我就会吃到粉红色的肉了！"我没有听到这句话之前和之后的部分；我只是喜欢这个句子的感觉，它就一直在我耳朵里，到后来我意识到它就是当代美国英语实实在在的，甚至是可喜的代表。

由此，我们知道如果我们要这个十几岁的孩子参与某种心理语言学实验，我们会看到他的当代美国英语以某些方式造就了他的思想。但是，至于说他说的话(Dey try to cook it fast, I'm-a be eatin' some pink meat!)形成了他的世界观，我们究竟有多少可能会这样断言：（1）他的世界观不同于一个印尼人或巴西人的；（2）他的世界观类似于林赛·罗韩、康多莉扎·赖斯、本·金斯利、我，也许还有你的？

我们会看到的。

就像如果

按照沃尔夫主义的传统，首要任务是把曾在中国人身上试过，结果却令人沮丧的郁闷假设也同样放在这个十几岁的孩子身上。就是说，如果语言塑造了思想，那么难道我们对这个家伙没有用"如果"这个词不感到好奇吗？

更精确地说，他有时用"如果"，有时又不用：美国黑人对黑人英语的结构轮换使用。但是，如果做这样的假设应当还是合理的：即一个较少使用"如果"的人，相较于一个其方言要求他总是用"如果"的人来说，他的思想也更少地被"如果性"塑造。

事实上，以这样的方式对待黑人英语是有悠久历史的。通常它本意是好的，但却是建立在一个谬论上的：即黑人孩子需要被从逻辑不通的家庭方言里拯救出来。教育专家卡尔·贝理特(Carl Bereiter)及他的同事们在20世纪60年代就曾指出，把一句"它们是我的"说成"它们我的"，缺了"是"的谓语形态，是一种阻碍学习进程的断句结构。然而，像俄语和印尼语这样强大的语言也同样地不用"是"动词，贝理特就在不知情的情况下把一大批人诊断成了口头残障（值得一提的是，《旧约》的作者们应该也算是，因为《圣经》里的希伯来语也是同样没有"是"的）。

应该说贝理特的分析是根植于一种想要帮助黑人穷孩子学习如何更有效地阅读的真诚愿望。事实上，我的朋友西格弗里德·恩格尔曼和贝理特所领头的教穷孩子阅读的方法，其本身并不局限于教黑人英语语法的问题，这也是今日教育中最容易被忽略的秘密之一。但是，应该提到在同一时期，还有一个人把黑人英语简化的特质看成是一种欠缺、匮乏的证明，这个人就是以提出黑人一般没有其他人聪明而著名的心理学家阿瑟·简森。

啊，是的，对于"语言塑造思想"和我们的黑人青少年我们现在会说什么呢？对于如何看待他和"如果"这个词之间的随意关系，就像中国人把"将会(would)"和"本来会(would have)"这类本应明确表达的方式淡化了，大多数人都会简单地把这两者归类为具有同样的认知重要性。任何因把黑人英语看成是一种欠缺而怀有同情的人都必须承认，就语言来说，讲汉语的人打的也不完全是一副好牌。拒绝承认这一点，唯一符合逻辑的结论是，语言（及其方言）虽然在整体上有明确的差异——讲阿楚葛语的和讲汉语的显然不同——但是这种差异在很大程度上与思想无关，当然也不能证明关于"我们如何看世界"的比喻是对的。

至于讲到人们是如何讲英语的，这实在不难理解。毕竟，写作把原本对表达至关重要的东西——上下文和声调给遮蔽了。那个男孩的朋友在听到他说"Dey try to cook it too fast"时并没有把它当作一个单独的叙述，因为他们彼此都知道他们在讲的是什么情形，想必是一些有关食物质量的问题。还有，那个男孩表达"Dey try to cook it too fast"时的声音语调也让人很清楚有什么东西，作为快速烹调的潜在结果，很快就会发生。也就是说，因为这种语调，就是任何说英语的人在讲此类从句时会用到的那种语调，即使那个男孩因为某种原因在说了"Dey try to cook it too fast"后就默不作声了，他的朋友还是会猜想接下来他会说什么。如果"Dey try to cook it too fast, den what（然后呢）?"你这个家伙，接着说！

所以这个句子是完全连贯的交流中的一段。如果语言塑造思想，而那个男孩说的是语言，那么显然沃尔夫主义对他在"如果"的使用上并不适用。好了，我们接着讨论别的吧。

Dey In, Dey Out

对很多人来说，不同的语言造就了对生活的不同感受方式是关于语言的最有意思的理论了。然而，与脆弱的沃尔夫学说很不一样的是，即使是语言的片言只字也常常可以精彩纷呈。一个小小的词"they（他们）"就是很好的例子。

起初它只是一种补丁，是作为问题的解决方案从别处进入语言的。基本上在古英语里，代表 he(他) 和 they(他们) 的这两个词太相似了，变得很不方便。he 的发音是"hay"，they 大略听上去像"hyay"。到中古英语早期，he 和 they 则都变成了 he。

更离奇的事发生了。你学过的语言里除了英语外还有别的语言也是 you(你) 的单复数不变的吗？这对更早先的讲英语的人来说近乎野蛮。他们用 thou 指一个人，用 you 指多个人，两者严格分开，就好像我们今天把 I（我）和 We（我们）分开一样。古英语里甚至专门用一个代词 git 来指"你们两个"，而不是你们大家！但是今天，我们认为像 you 那样一个尺寸适合所有的人是完全正常的。

然而，语言有它自己的办法使其在一定程度上保持组织有序。比如讲英语的人在 you 的问题上总是有点迫不及待。诸如 y'all, youse, 以及匹兹堡的 y'uns 这些 you 的（方言）变体，尽管它们一般只有在后院说说的名声，其意图却是想要变得更明确以及让英语在这方面更加"正常"。标准语言在教育和媒体中几乎令人窒息的影响使这些创新永远不可能变成被认可的言谈，但 14 世纪时情况是很不一样的。在教育或识字被普及之前，自然地尝试整理一门语言（或搞乱它）可以更容易地实施。

由此，斯堪的纳维亚的海盗们在遇到单复数一样的 he 这个谜时，他们觉得不如把他们自己北欧古老的第三人称复数代词用上更方便。

于是我们就有了 they：一个语言学的相互取"精"，相互交流和影响。我们都知道语言在出现新事物时会借用别的词，像 sushi（寿司）。但是我们不太可能认为肉和土豆这个词是像 they 一样源于外来入侵。很难说吧！

＊　＊　＊

　　然而，与此同时，如果我们把沃尔夫主义的镜头对准那个已经自然化的小词 they，我们又会回到上一章那个收获甚微的问题：人们看待复数化的深度是否不同。

　　这个实验应该要考虑到，就语言来说，they 在第三人称的代词中其表达的明确程度大致是中等的。如我们所见，英语甚至画蛇添足地专门用一个代词来表示一个以上的人的第三人称；而有些语言他、她、它和他（她）们都用同一个词。还有，古英语比现代英语更有意思。之前我简单介绍过：古英语里 hie 指男性的"他们"，但还有一个女性的"她们"，heo，发音大致像唐顿庄园剧里年长、强悍的角色发"头发（hair）"这个词一样："黑——尔"。所以英语在保持整齐有序上和阿拉伯语、希伯来语及其他语言都一样。是的，整齐有序：如果你会用"他"和"她"，那么难道不应该还有"他们"？以及一个女的"她们"？

　　但是天哪，语言到底还能够承受多少这样的吹毛求疵。在澳大利亚以东的南海区域的语言中，一种语言用不同的词代表他们两个、他们三个（等等）及他们全部，是很平常的事。在其他地方，情况则与我们可以想象到的完全不同。在亚马孙的贾拉瓦拉，如果讨论的不是有生命的物体，那它们就完全不用代词。是的，代词可以完全不存在。你知道，对一个说贾拉瓦拉语的人，当没有用到代词时，那就是一个"魅影"的它们，指那些不是活着的东西。

鉴于所有这些，让我们考虑一下类似马克·埃伯里(Mark Abley)关于阿尔冈昆(Algonquian)族群，比如克里族(Cree)、尔吉布为族(Ojibwa)和波卡汗特丝的珀哈坦(Pocahontas's Powhatan)的美洲原住民语言的一个结论。埃伯里，一个记者，被沃尔夫主义的观点深深吸引，并且都是出于社会政治意义上的正当理由。但是对他来说，这意味着"在阿尔冈昆语言中，要讲话得体就要注意到所有听你说话的人的身份和相互关系"。他的陈述是基于这一事实，即在这样的语言里，当你在同一个句子里用"我"和"你"，比如"我看见你"，"你"会被放在"我"前面，这样人们可能会认为"我"在阿尔冈昆人的脑子里没有在我们自己的脑子里那么占中心地位。

人们可能会根据像我提到的澳大利亚以东的南海的那些语言里they（他们）这些词的增殖而做出同样的表述，尤其是在这些语言里we（我们）和you（你们）的变异体也同样很丰富。还有，很多人也许乐于接受埃伯里的方式——他把很少被颂扬，也被低估，且历史上受剥削的美拉尼西亚群岛的族群与讲着乏味且压抑的英语的人相比较。按照这种分析，讲英语就意味着对人、他们的数字、他们和你的关系以及他们相互间的关系较为麻木，没有像美拉尼西亚人那样在社交上细致。

然而，在这类事情中，除了浪漫化情调，称全世界讲英语的人都天生有点儿冷漠的说法也很不着调，当我们不把美拉尼西亚人和玛格丽特·撒切尔比，而是和新泽西城里的一个黑人青少年比时，埃伯里式的对于 they（他们）的看法是否还很有吸引力呢？对于这个黑人青少年来说，英语可能是他所知道的唯一的语言，但这个按说是塑造他思想的语言也同样是塑造了拉什·林堡思想的语言。

至此很多人可能会认为这整个的计划是站不住脚的。再火上浇油的话，那就是如果我们认定我们的泽西城男孩在他的代词里区分了第三人称单数和复数时，那他比皮拉罕的部落人"对于你讲话的所有听众的身份和相互关系的认识度"要大得多。他们只有一个代词来表示他、她、它、他们。然而他们生活在小圈子里，每天从早到晚紧密接触。我们难道不觉得他们应该比生活在都市里的美国人对不同程度的"他们"更有领悟吗？但是如果我们是这样觉得的话，那就又多了一个反对标记——不认可语言的语法运作机制与讲这门语言的人如何思考之间存在有意义的联系。

那么接下来就贾拉瓦拉人对于没有生命的物体不用任何代词的现象，谁知道我们可以从语法和现实之间得出什么样的联系！如果问他们的话，我相信他们会告诉我们，他们就像我们一样清楚地意识到鸟是活的，而木棍子不是，不必谢了。我不知道谁会告诉他们不是这样的，或者甚至敢尝试做一个试验，以求显示他们在按键证明这一事实时慢了那么一丝。然后，讲古英语的村民们是不是比十五岁的泽西城男孩更注意到人们的性别组合？为什么？

以此类推。有时候一支雪茄烟就只是一支雪茄烟，有时候，一个"they"就只是一个"they"。往下继续！

试试，再试试

Try（试）是一个"孤儿"。没有人知道它从何而来，除了某一地点之外：大致是法国哪里。它是中古英语时代英国人从法国人那里借来的（且从不还回去的）几千个词之一，英语词汇主要是集古老盛大的日耳曼语、花样新式的法语及拉丁语于一体的奇怪混合物。法语里的 trier 一词就是 try 这个词在法语区及其周围地区晃来晃去的各种变体之一。就像你比较狗、鸭嘴兽、袋鼠及更多动物时就会知道从前曾有个长着四条腿和头发的原始哺乳动物是以胎生繁殖的，当我们比较 trier 的变体时也会知道法国地区曾经有一个词叫 triare。

通常情况下，你可以把这样的词和整个欧洲的其他语言里相似的词作比较，而以同样的比较方式，语言学家们重新构建了对欧洲（更别说伊朗及印度）的大多数语言来说肯定是祖父级的语言里的几千个词。例如，father（父亲）起源于那个古老的语言里的词 pəter，目前非常确定是曾经在乌克兰南部说的语言。由它而产生了法语的 père, 西班牙语的 padre, 德语的 Vater, 印度语的 pitaa, 爱尔兰语的 atheir, 亚美尼亚语的 hayr, 等等。

但在其他任何欧洲语言里都没有像 triare 这样的词。那意味着 try 是个并没有什么家谱世系可以追溯回某个祖籍的词，而现今又在俄语、希腊语、印度语、波斯语和立陶宛语等语言中遍地开花结果。只是因为法国曾经在中世纪后期暂时接管过英国，那时法语是指定的书面语言，于是法语的词就渗透进了谦逊的英语言谈中，try 这个词才出现在英语里。

因此，try 是一个被寄养的"孩子"，在托马斯·阿奎纳（Thomas Aquinas）在巴黎大学教书的那个时期被运送穿过英吉利海峡，今天被全世界讲英语的人一天用上数次，包括新泽西州泽西城的青少年们在平日早上也会用到。

* * *

至于我们这个特定的青少年如何在一个特定的早上用的 try 尤其令人感兴趣。请注意他说的 "Dey try to cook it fast, I'm-a be eatin' some pink meat!"，你不妨想一想，如果我们按 try 的核心意思所指，那么这里 try 的用法就有点不合逻辑了。如果他说的是"如果他们想要烧得太快的话，我会告诉他们把火调低"，或者，"如果他们想要烧得太快的话，那我就不碰那个鸡肉了"，那将是一回事。总的说来，如果他说"如果他们想要烧得太快的话"，我们会期待他后面接着会说或者他会阻止他们这样做，或者会避开他们所烧的东西。

然而，他的句子却是他吃了人们"试着想要"烧得太快的肉。也就是说，他们看似并没有试过就成功地把肉烧得太快了，这让人奇怪为什么他要说"试图想要",而实际上他们已经这么做了。你可能会觉得这个句子本来就应该是"如果他们烧得太快,我就会吃到粉色的肉了",那个"试着想要"显得是多余的。

确实是多余的,但这并不是随机任意的。这种"试着想要"的用法实际上说明了,大多数美国黑人整天用来用去的英语方言,经常被认为是"坏的"语法,"正确"英语的变形,其实在许多方面比标准英语更复杂。我们那个青少年"试着想要"的用法,实际上恰恰是生成于黑人英语的一种虚拟语气。

这种多余感类似于讲英语的人对像西班牙语之类的语言中的假设语气的感受。西班牙语里"我怀疑你会去"是 Dudo que él vaya,这里用了假设形态的 vaya 来表达去的假设性,而不是用的最简单的陈述语气的动词 va。对一个在学习西班牙语的讲英语的人来说,这似乎是过分讲究的多余添加物。人们可能会好奇为什么一种语言真的需要一个另外的动词形式来标注这样的细微差别。同样的,"Dey try to cook it fast, I'm-a be eatin' some pink meat!"里的"试着想要"也是在标注假设性。

确实是,如果从字面理解这句,"试着想要"似乎像杂而"乱"的语法。但是,黑人恰恰就是以这种方式经常用到"试着想要"的。它就是常规,也正好就是语法的逻辑模式。

也就是说,"试着想要"已经打破了文字的约束,它现在表达的意思是"在他们烧得太快的情况下"。这种事情在所有语言的词语里都是一直发生的,就像英语里 going to(想要,会)现在是指将来——"我会思考那个问题的"——虽然按照 go（去）原本的意思来说，这句话是不对的：你怎么向思考"去"？Going to 是 16 世纪以来才那样用的。用 going to 来表达将来，这对说古英语的人听上去之奇怪就好比我们很多人现在听到我们的青少年用"试着想要"那样。

"我们"也包括了那些正是那样用的人，如果我们告诉他们他们就是那样做的。可以确定，美国黑人并没有更有意识地认识到他们正在开启一个新生的虚拟语气，就像讲标准英语的人在说"那一定是印度食物到了"时，不会意识到他们正在用被语言学家称作示证的语气。像在线俚语词典这样的资料记录了一个黑人的"表达式"叫 tryna，但这并不是假设语气的"试着想要"，而只不过是一般的 try-ing to（正试着想要）的口语发音罢了。这里 try 的用法就跟所有讲英语的人说 try 时用其默认的意思一样。而我们那个青少年的"试着想要"的用法是有所不同的，但就和"试着想要"变成 tryna 的那种听觉"风味"一样酷。

像"试着想要烧得太快"里的"试着想要"是比教科书英语里更复杂的语法特征，在教科书英语里虚拟语气已经江河日下有几个世纪了。你可以在句子里加入它。像 If there be persons in opposition 就是 If there are persons in opposition（如果有人反对的话）的虚拟版，但这听上去绝对有些装腔作势。又比如：If I were the one 相较于 If I was the one（如果我是那个人的话）：语法迷们一定会给我们长篇大论地讲虚拟语气的 were 版为什么更好，这一事实就是它垂死的迹象。而当我们的少年口里弹出他的"试着想要烧得太快"时，他没有任何企图要变得正规些，当然也没有任何人告诉他要那样表达自己。他只是在说话，毫不费力地用到虚拟，就好像一个人在讲法语或西班牙语似的。

* * *

这些是"试着想要"令人感兴趣的一些方面。那沃尔夫派对它的看法又如何加上去呢？语言塑造思想，所以我们现在得猜测美国黑人可能比其他美国人对假设情形更敏感。当我们猜测亚马孙的猎人采集者因为有示证标记，所以可能对事情"是否是"以及"为什么是"真的跟西方人相比有着异域般不同的看法时，这虽然是一回事情，但如我们所见，这也是非常令人不安和担忧的。可是现在我们是不是会说加州奥克兰市的黑人警察、亚特兰大的黑人女牧师，或坎耶·韦斯特（侃爷），或贝拉克·奥巴马，比阿什顿·库彻尔或汤姆·弗里德曼更热衷于倾听虚拟的 if（如果）而不是陈述的 is（是）呢？

我们需要谨慎对待这整个方式，尤其在阿尔弗雷德·布鲁姆试图把中国人描述成对假设性不太敏感以后。不过这次我们是把一个群族的人看成是对"可能是的"比"是的"更敏感。那样是不是可能看起来更吸引人呢？特别是这个还可以用来反击那种把美国黑人的言谈看作是对英语的扭曲而不是其饶有趣味的变体的观点？不幸的是这种观点很普遍。

但是，在关于黑人与虚拟语气的高度意识这一具体问题上，从科学意义上说我们在自找麻烦。有一点是，回想一下，同样的方言，句子中可以把 if（如果）省略掉，比如 "Dey try to cook it fast, I'm-a be eatin' some pink meat!"。这似乎意味着相对于标准英语必须使用 if（如果）来说，它则更大程度上把假设留给上下文了。那究竟是哪一个呢？如果有区别的话，"试着想要"的虚拟语气与 if（如果）的缺席相结合，似乎使美国黑人与讲标准英语的人在假设性上可以相提并论，而并非居于后者之上。

接着我们就碰到了更大的问题——思维模式驱动文化。那么，美国黑人的文化与古罗马人的文化有何共同之处呢？古罗马的拉丁语里有一种虚拟语气，后来就发展成了今天那些由拉丁语发展而来的语言，比如说法语和西班牙语的人所使用的虚拟语气。我们甚至可以问，究竟是什么共同的思维模式导致古罗马人以及高卢和伊比利亚的农民们用了虚拟语气，而最重要的是，不是越南人，或者任何澳大利亚的土著人，或以色列人、芬兰人，或无数的其他族类中很容易被解析为在文化上倾向于接受虚拟性的人。也就是说，尤里乌斯·恺撒、吉斯卡尔·德斯坦、巴勃罗·毕加索、索非亚·罗兰，甚至尼古拉·齐奥塞斯库究竟有何共同之处可以表明他们语言中的虚拟语气塑造了他们的思想？而无论那是什么，现在试试把它也比作杰西·杰克逊和 Jay-Z 处理现实的方式。

现在再重提汤里的泡泡又变得有吸引力了，有的泡泡会在那一边出现，有的在中间，天知道哪个会出现在哪里，你只知道有些总是会出现在哪里。生活里有无数多样的细微差别，最后可能某种语言会对它进行标注。所有的语言都会标注一些但不是全部，而哪些被标注到了并不是因为讲这门语言的人需要或者他们是什么样的，而只是偶然。杰拉尔·德帕迪约和我们泽西城的黑人男孩都用虚拟标记是因为偶然，就像涂尤卡的亚马孙人和保加利亚人都有示证标记而波利尼西亚的岛民和捷克人却没有，也是因为偶然。

事实上，"试着想要"在黑人英语中的用法向我们表明了，语言最终会显示所有的人的思维都是相似的，而非不同的。黑人英语可以省略掉一个"如果"——"Dey try to cook it too fast…"——但是"试着想要"的虚拟语气传达了同样的假设性，只是没有那么明显罢了。这类似于我们所看到的汉语里虽然缺乏定冠词，仍然可以通过词序来表达确定性，即使讲话的人自己没有意识到：比如"列车已到"是指那班火车已经来了，而"已到列车"是指有一班火车已经来了。

启发是美国黑人的方言比标准英语在语法上更具虚拟性。但是任何试图将此延伸出去，把讲那种方言的人概括成对 if（如果）而非 is（是）心领神会是错误的，一旦我们考虑有多少可能我们会将莱丝莉·卡隆和赛格林·罗雅尔，以及葡萄牙、西班牙、拉丁美洲、法国、意大利，甚至罗马尼亚的所有的人解析为与一个新泽西的黑人男孩在思想上受到了同样的虚拟语气的影响。

这似乎有点荒诞，因而我们必须重新评估类似"语言因其说话者的需要而演变"的说法其初始时的诱人性。非常简单地来说，语言并不如此。当然语言会为新的事物发展出新的词：我们无须否认，也对此没有兴趣。然而，除此之外，一门语言是如何构筑起来的与其使用者的需要并没有关系。语言之奇妙有着无数其他的原因。

烧得不够火候？

当然没有人说过一句话里的每个元素都具有沃尔夫主义的意义。然而，当我们碰上这句充满活力的英语句子时，无论我们向哪个方向看去，沃尔夫主义都让人忧虑。

Cook（烹调）这个词看似非常清白无辜，但实际上是英语从法语里借了它。在此之前，英语以及它早期的日耳曼亲戚古挪威语并没有一个单一通用的词表示烹调。有烘、烤、煮，但没有一个词像今天的英语里既指吃，也指喝——通指烹饪。（严格来说，Ingest 也是进食，但这个词太过于正式了。没有人会说"哎呀，感恩节我进食了太多的肉和酒！"还有它一般更多的是用在固体食物，而不是液体的：谁会进食柠檬汁呢？）

可是，如果俄罗斯人因为有不同的深蓝和浅蓝的词因而能够看到更鲜明的蓝色，那我们就必须探索讲现代英语的人是否不像铁器时代的村民们那样对烹调技术有生动的感知。一个海盗对烹饪技术间的差异比今天旧金山的一对美食家夫妻更敏锐，对于这样一个概念我们该如何解释呢？或者，如果说泽西城一个上学的男孩没有忏悔者爱德华那样熟悉烹调技术，那他在早上八时热情地讨论将要吃的一顿鸡肉晚餐时并没有显示出这样的证据来。

或许会不会是当一门语言成型后，沃尔夫式的作用就被其后出现的文化发展抵消了呢？如果是这样的话，我们怎样才能把它运用于任何人类的族群呢？语言一般都比它们目前的文化要古老得多。它们通常是被施加于它们所起源的人以外的人：阿拉伯语起始时是阿拉伯一群无名的游牧民族的语言，到后来才被施加于讲科普特语的埃及人、讲柏柏尔语的北非人和其他人。语言经常随着时间的推移而发生巨大的变化：古英语在结构和词汇上都很像德语。

语言的哪个阶段，在什么时候，塑造了其说话者的思想，而且更重要的是，究竟是哪一种思想，为什么？沃尔夫主义必须在此类问题上更加努力，以不负很多人想从中得出影响意义的期望。

* * *

甚至小小的、谦卑的 it（它）也有故事。如果把英语里 him、her、it（他，她，它）变为 him、her、hit，不是更整齐有序吗？事实上在早期的英语里面正是这样的。但是，hit 是三个中唯一的一个因为长期以来快速发 h 音时特别不容易，以至于它真的就消失了。在 him 和 her 里的 h 却依然留着，虽然我们说 'im 和 'er 的时候与我们实际明白无误地说 him 和 her 的时候发音差不多。不过，从某种意义上说，现代英语也有其井然有序之例：快速讲话时的 'im, 'er 和 it 这三个一小组就很妥帖。

相比之下，沃尔夫式的故事就又会涉及对汉语的轻蔑。在很多语言里，代词是完全可有可无的，有上下文就可以理解了——这样的例子之多以致讲英语的人可能会奇怪如何才能交流呢。在汉语里，如果有人问"你觉得那个电影怎么样？"你可以，也很可能就会这样回答，"不喜欢"，而不是说"我不喜欢它"。日语及很多东亚和东南亚的语言也类似于此，还有世界上的无数其他语言。欧洲语言比如英语就比较刻板和讲究，一定要把代词放进去。

那是不是意味着我们的少年比讲汉语的人就"谁对谁在做什么"具有更高度的敏感性呢？在做出裁决前，我们还应该知道在有些语言里要说"我遇到了约翰"还必须包括一个多余的 him（他）："我遇到了他约翰（I met-him John）"。那讲这种语言的非洲部落民是不是就比泽西城的黑人男孩更清楚谁对谁在做什么呢？

也许是部落民的小而紧密的社交组织造就了这样的意识？但又如何解释这样的事实呢——世界上同样小的族群说的正是不需要表达代词的语言？随便举一个例子：在巴布亚新几内亚的 2500 个讲马南布语（Manambu）的人中，真的听到有人把"如果你想要撒尿，叫醒我"说成"想撒尿，醒"。总之，没有人有理由认为说话人指的是隔着两道门的那个家伙想要撒尿，如果是那个人自己想撒尿而把他叫醒实在是没有什么意义。

这里思维并不是问题。语言可以在不同的族群间跨越完全相同的思维却变得各自精彩。

＊　＊　＊

太快了（Too Fast）。语言学家和沃尔夫主义者们，他们的思想或许经不同的方式塑造会在这里抓住不同的重点。

语言学家视快（fast）如羽毛。今天羽毛是助鸟飞翔的。它们开始时是恐龙身上用于隔离和装饰的；对有些恐龙来说羽毛变得有助于滑行，然后一步步经过几百万年，逐渐从初始时美颌龙身上柔软的羽毛变成了飞鹰身上具有非凡的空气动力学作用的羽毛。

快也是一个过程的终止阶段，其起点是非常不同的地方。古英语里代表快的词是 snel，就像德语里仍然是 schnell。fast 这个词也是存在的，但它的意思是牢固，紧紧——就像今天在它的最主要意思以外依然存在的这一层含义：握紧它，抓住它（hold it fast）。但是在它原来的意思里你可以说"快跑"，意即以严格的方式跑，跑得有力，坚持不懈。而按定义，以这样的方式跑的话就是得跑得快，时间长了，"快"就真的变成了 fast 的主要义项。今天它原来的意思还隐藏在书的空白处，比如像 steadfast（坚定）这样的词，像 stuck fast（卡住）或 fast asleep（熟睡）这样的词组里，其实你想一想 fast 若是快速的意思这是不是有点傻——没有几个睡觉的人是使劲冲的。"熟睡"则源自 fast 是紧实、韧性持久的意思，正好描述了我们中的很多人睡觉的样子（可惜我自己并不在其中）。

在任何语言里，大多数词都有这样的历史，其起始与我们现在知道的样子很不一样，而达到它们目前的状态则是通过了一步接一步的推论发展，然而在人类生命的范围内很少有人知道。Quaint（古雅）最初的意思是聪明或精明，还有再延伸出的"时尚"——注意：我们依然可以称穿着符合潮流的人为看上去"smart"。这种延伸持续了很多年：时尚的含义加进了负面的调子，沦为"刻意""造作"。随着时间的推移，这种延伸往更淘气的方向游离，从"造作"到了我们现代意义上的 quaint，即"老派的迷人的古怪"。Fast 是同样的例子，可能其本身就带有一种老派的古怪。

然而对沃尔夫主义来说，too fast 里可以咀嚼一番的可能是 too（太）。需要表明一下，这是一个比我们经常研究的词更怪的词。如果被问 too 是什么意思你会怎么说？你可能会惊奇地发现有很多东西可以说。你也没有学过这样的语言，其中的一个词既指附加（me too 我也是）又指过甚（too hot 太热）？法语里既是 aussi（也是）又是 trop（太过）；德语里既是 auch（也）又是 zu（太）；日语里既是 mo（也）又是 ammari（太过）。此外，too 还有一个专门的替代意义。在法语里，双重否定时用 si（相对于 too，也）而不是用 oui（是）：

Guillaume：Tu n'as pas payé !（威廉：你没有付钱！）

Isabelle: Si, j'ai payé !（伊莎贝尔：我付了！）

德语里也是一样，双重否定时用 Doch，讲英语的人可能希望我们也有这样的词——我们有的。

Craig: You didn't do it.（克雷格：你没有做。）

Laura: I did too!（劳拉：我做了！）

你可以把 too 的这三种意思看成是整齐可爱的小斑点；因为各种各样的原因你永远无法知道一个词最后涵盖的是哪个相关的意思。但是对于本杰明·李·沃尔夫，这类东西都属于"隐形范畴"的评量指标，是他认为语言塑造思想的渠道。他举的一个例子是在霍皮语里，有一个词 masa'ytaka 代表除了鸟之外的所有会飞的东西：如昆虫、飞机、飞行员。而自然界里出现的水和你用来烧或喝的水却有不同的词。对沃尔夫来说，这意味着霍皮人的语言决定了他们处世的方式与语言中没有这些特定配置的人会不同。

现代沃尔夫主义者很明确地拒绝了沃尔夫文章中较为极端的主张。然而，这只是一个约束节制的问题；基本取向仍然是相同的。今天没有人会宣称语言阻止说这种语言的人以某些方式思考，甚至不会把以某种方式思考变成压力；我们要做的只是探究语言是否使以某种特定方式思考成为可能。但是，这种可能性还是被认为有待争议的，且由此，霍皮语里对飞行体及水的分类相当于俄语里对表示蓝色的词的研究。再则，学术界以外的沃尔夫主义的追随者们尤其喜欢把词语的不同词义的范围解读成是世界观的代表。霍皮语里的 masa'ytaka 一词被广泛而持续地提起已经有千年了。同时，马克·埃伯里还指出法语里把"知道"分为"对事实知道（savoir）"和"对人知道（connaître）"，并推测说"这种区别对讲法语的人之思想与世界间的互动至关重要"。

由此，too 又引出了一个问题。我们可以说 masa'ytaka 意味着一个族群把飞行看成是移动物体身上一个与众不同的极其有活力的特征，而欧洲人用不同的词来区别"知道人"还是"知道事情"意味着他们对事物的不同形态具有别人所缺乏的洞见。如果是这样的话，那么当一个词的意思是"也""太过于"及"但我做了"时，它究竟决定了什么样的处世方式？

答案不会是因为 too 所涵盖的那些含义相互间的联系太抽象了，因而不能决定思维方式。毕竟从附加（我也是）到过甚（太多），或者从附加到通过加回事实而实现的双重否定（我是做了！）之间都只有一小步的距离。那么，对于附加（我也是）这个概念来说，既代表某样东西可能做过了头（太多），但又可以用在交谈中需加上反对时（我是做了！），讲英语的人是不是对这一概念有着独特的敏感呢？如果这样的主张用在霍皮人而不是圣安东尼奥（得克萨斯州）的一个律师身上，很多人都不会犹疑，也必须承认这并不比说作为法国人就会仔细区分知道事实还是知道人来得更抽象。

但是最终，假设在一个实验中，我们泽西城的黑人青少年在把附加、过甚和否认联系起来的时候显示出了那么一丝的乐意——也就是说他比一个首尔人对这种异常的认知波动的敏觉性快了几毫秒。但从大局来看，当我们以各种方式对美国青少年如何思考感兴趣时，不管是否是黑人，或者是任何年龄的任何美国人如何思考，或者是全世界的讲英语的人如何思考，这一极其微小的关于 too 的发现又能带给我们关于人文、政治、社会、艺术、教育、医疗，甚至心理等问题多少慧识呢？

鮟鱇鱼的精巢和未来

黑人英语中的 I'm-a 是一个很棒的小东西，它将 I am going to 基本上合并成了一个单词。想象一下被派去学英语的外星人正好先碰上了黑人英语，且只能通过听来学，它试图弄明白这个 I'm-a（发音为 Ah-muh 阿 - 么）是什么意思，因为不这样说的话人们会用 will（将）和 gonna（会）来表示将来。I'm-a 是一个非常特别的，并非只是随意的把几个词放到一起的例子。没有人把 you are going to（你将要）说成 "youra" 或者 they are going to（他们将要）说成 "theya"。那个外星人如果想要成功的话，就得搞懂 I'm-a 首先是一个非常特定的第一人称单数将来结构。这种东西是人们常常在考试时会搞错的，如果真的有一门美国黑人英语课的话。

这是人类语言可以发展的错综缠结的节点之一，好像几乎是有意要挑战那些试图解开它们的人。法语里的"那是什么？"Qu'est-ce que c'est? 就是一个例子。只有因着写作惯例我们才能把这句分解成 que, est, ce, que, 又是 ce, 然后又是 est——而我们依然不明白为什么法语仅仅是问"那是什么"就用了这么多词？

仅 I'm-a 里的 -a 部分就很精彩——考虑到它源起的不是一个词而是两个词（going to）。Going to 渐渐褪成 gonna, 'onna, 然后最终就只有 a 了，不像其法语元祖 août 的发音只是"务（oo）"，而是像它的拉丁语源头 augustus。I'm-a 里的 -a 就好比语言学里的雄鮟鱇鱼——比起雌的来体形较小，其生命周期中常驻性地吸附在雌鮟鱇鱼的头上，然后像一颗正在消退的痘痘一样逐渐消失，直到什么都不剩，除了它的精巢，而它的精子则被吸收进雌鱼的血液里以培育她的卵！在 I'm-a 里，-a 贴在了 I'm 的额头上，让其孕育新的含义。

而 I'm-a 里的 -m- 部分则是 am 的一个碎片，am 本身是英语里奇怪的五花八门的 be 动词形式团体里的一员。不规则也就算了，但 am、are、is、be、been、was 和 were 简直是乱透了。这个目前的状况其实来自不少于三个的不同原始动词（beon、weson 和 aron，古英语里的 be 动词），好像它们对着一个特别好笑的笑话一起大笑，然后同时倒下一样。任何语言里凡是经历过特别磨损的地方都容易变得乱糟糟的——习惯鄙视逻辑。Be 动词用得很多，因此，就像不规则复数比如 man（男人单数）和 men（男人复数）一样，它们往往不是寻求秩序的地方。所以 I'm-a 里的 -m- 和泽西城的男孩说的 be eatin' 里的 be，同是两千年前的早期英语里为日耳曼部落民所接受的三个动词相撞的"交通事故"留下的两个碎片。

* * *

此刻，是否还记得沃尔夫派对于我们那个青少年用的将来标记的理解是，这会使他存钱的可能性变小。

* * *

我们快要说完了，但我们要传达的思想没有变：人们的思维是相似的，只是语言在变化。

这家伙说的是"吃"而没有把吃、喝混为一谈，是不是就意味着他比吃、喝都用同一个词的部落人民更喜欢食物？很难这样说，因为他在前面句子里用的是泛指的烧、煮食（cook），似乎意味着其实他并不是"恐怖的黑格 (Hagar the Horrible)"那样的吃货。

当我们的少年说"some pink meat（有些粉红色的肉）"时，那个"some"的意思并不是"一点点"，而是这个意思的延伸，是指质量的缩减，带贬义的评价。所有的语言都有办法传达那种味道。日语对类似粉红色的肉会有一系列的词表达同样的态度，例如 nante（什么）和 nado（比如）。太平洋西北部的美洲原住民语克拉马斯 (Klamath) 里有一个前缀也是起这个作用的。总是有什么的。

还有，很多非书面语言只有很少几个词是代表颜色的，显然粉红色不会是其中之一。20世纪60年代时，加州大学伯克利分校的语言人类学家布然特·柏林和保罗·凯发现语言里颜色术语的出现有一个大致的顺序。先是黑白，然后是红色，接着是绿色和黄色，再接着是蓝色，然后褐色，最后才有紫色、粉红色、橘黄色和灰色。也就是说，不存在一种语言只有黑、黄和粉色，或是黑白绿色。

由此，人们注意到荷马曾经冒出一些对于颜色的奇怪用法，比如不仅提到深酒色的海，还有深酒色的牛，绿色的蜂蜜，及蓝色的头发。早期时人们不禁会把这归因于荷马这个知名的盲人，可是不盲的希腊人也有相似的"怪癖"，比如欧里庇得斯的绿色的泪。难道我们真的会认为这些高度敏感的艺术家们和我们看到的颜色不一样吗？

哲学家恩培多克勒(Empidocles)给出了答案，他把颜色分成在我们看来像是一块奇怪的备用调色板，浅的、深的、红的和黄的。这正是柏林和凯的程序图所预示的——当一个社会还尚未开发出多种常规化的颜色术语时：那就只有黑、白、红，然后是黄或绿。

然而沃尔夫主义思想，以其对俄语蓝色的发现，教我们去思考古希腊人，还有现在没有很多颜色术语的人，究竟是否在处理颜色时与我们不一样。泽西城的孩子看到粉红色的火烈鸟和樱花时，是不是会比荷马和恩培多克勒看到时更觉得特别不红呢？就像124毫秒的差异很难用以显示人们看世界的方式之不同,也很难想象我们的泽西城孩子会将他提到的粉色的肉想成比讲古英语的人所见的没有烧熟的肉更"粉色",尽管事实上后者连"粉红色"这个词都还没有呢。

到目前为止,似乎还是没有任何一样东西能够告诉我们讲这种语言的人是怎么思考的。关于"肉",我们可以再试一试用"隐形范畴"的途径:很多非洲语言里,动物和肉用的是同一个词。你也许先会想到人们在稀树草原上奔跑着指着不少"肉",但其实更恰当的是这些人想着自己在吃"动物"。他们并不谨慎地区分活着的动物还是我们盘子里一块块的肉。

这是不是一个标志,意味着西方人已经摆脱了世俗的现实,即满足我们的烹饪乐趣需要宰杀动物?人们确实是经常被这样教育的,比如英语继承了法语,会委婉地区分牛(cow)和到了盘子里的牛肉(beef),猪(pig)和在盘子里的猪肉(pork)。说实话,现在看上去这应被归为文化塑造语言,而不是语言塑造文化——但鸡和蛋的问题永远都存在,还有两种都可行的猜测。

如此,对于这个话题无论我们有怎样的态度,到了法国和非洲以外数据就变得不方便了。一般说来,人类族群会用不同的词来代表动物和肉。更为典型的是,各种社会形态的人都有专门代表动物的肉的词和代表活着的动物的词。事实上,古英语里就有野兽和肉的这种基本区分,尽管我们知道讲古英语的人比起泽西城的任何人都对动物屠宰要熟悉得多!其实正是那些提到的非洲人，他们汤里的特别的泡泡恰好没有破掉，就像在英语里我们恰好没有把"知道人"和"知道事"分开。

意义何在？

"Dey try to cook it fast, I'm-a be eatin'some pink meat!"他就是这样说的。他只是在表达一个想法。想要把它沃尔夫化这是行不通的。从这个男孩嘴里吐出来的话里，没有任何一点因素可以被科学地认定为他的思考方式与蒙古或秘鲁同龄人的思考方式不同。

至于批评说我在这章讽刺了沃尔夫主义，这实在是难以置信。很难说我用的句子不代表英语或正常的思维。虽然它可能不是很正式甚至有些幽默，但它就是语言，纯粹而简单，充满了恰恰是让沃尔夫派自罗斯福政府以来就一直着迷的语义和语法范畴。假设性、时态、颜色术语、物体分类——它全有。同样是那句关于粉色的肉的话，如果它是由越南山丘里的一个农民口中说出的话，沃尔夫主义是不是就在直觉上看似更适用呢？不应该是的：的确，不是东南亚人、美洲土著人或亚马孙人才可以有"世界观"。的确，我们的泽西城青少年是人类，他的思想和语言都可能塑造他。

然而我们已经看到，如果说他特定的经历人生的方式是由他的语言恰好是如何发挥而引导的，这种说法站不住脚。我必须重申，我们可以假设英语对他的思想有细微的影响；关于这个，从最好的沃尔夫式实验得来的数据已经有了，我在第一章里就确认了。我所感兴趣的是，从这类研究中得出的引申意义，部分来自对此感兴趣的作者，部分来自研究者本身，即这些认知的差异竟相当于人们显著不同的处世方式。

那么人们有理由这样问，"谁可以决定什么是有意义的？"但必须明确，比如说，如果英语造就了一种世界观，那么这一世界观必须是涵盖了泽西城男孩、玛丽·泰勒·摩尔、玛格丽特·赵、威廉姆·詹宁斯·布莱恩和斯汀——所有这些人的参照系的。什么是有意义的？当然并不是说任何可以将这五个人的处事方式统一起来的就是，我猜大多数人对此都会同意的。显然，那样的世界观太泛泛了，基本上就相当于只要是人就可以了。

是不是由于某种原因像英语这样广泛使用的语言不再造就世界观了呢？可是那样俄语和汉语就自动失去了进行沃尔夫实验的资格，因为说这些语言的人民来自成千上万种截然不同的文化。那么，让我们想象一下有一种主张，即只有一种单一文化的人们讲的"国家地理"语言塑造了思想。但是为什么语言会只塑造小团体间的思想呢？文化发展到哪一刻我们可以断定沃尔夫主义会逐渐消逝——而又是以何为依据呢？

还有，很难看出究竟怎样才会使大的语种不合资格。难道一个人在新德里讲的英语就不会造就她特定的由英语决定的世界观，就因为悉尼和斯波坎（华盛顿州）也讲英语？"语言塑造思想，除非该语言是由不同族群使用的"，这当然不可能成为公理。一个人脑子里的语言不可能"知道"地球另一端的脑子里也讲这种语言。想必是语言进到哪个脑子里就塑造哪个的思想。

你会猜测如果有任何东西塑造了新德里的那个讲英语的人的世界观，那只能是她特定的文化，而非她讲的英语里的动词是怎么用的——这些同样的动词每天都用在伦敦、芝加哥和泽西城。现在我们如果想要从事物中获取一些总体意义上的东西，也就是说以科学的方式，那么去假设文化不仅塑造了新德里的妇女的思想，同时也塑造了一个讲无名地方语言的人的思想——这样的推测就变得吸引人了。一个无论语种大小都能包罗万象的分析就是指塑造世界观的是文化，至于一个人的语法怎么用的与之没有任何显著的关联。从科学意义上说，如果一种语言没有显著地塑造泽西城街头的思想，那它也不会对亚马孙雨林中的思想产生什么意义。

* * *

真的是搞科学：很多人在沃尔夫主义中找到的那种几乎麻醉般的吸引力，其基岩就是科学吗？令人疑惑。我们想要的目标只是以经验实证的方式去研究语言是否塑造思想。然而，科学似乎从来未能真正解决这个问题，除了从高度人工化的实验里获取的那些微小差异以外。还记得盖伊·多伊彻的书《话／境》吗？确切地说，那是按时序记录了一个范式的失败，其结果不是巅峰而只是噪声。

尽管如此，媒体教给读者的是——他的书对语言是否塑造思想更多的是确认其为事实，而少于探究。但这只是代表了一个基本取向：媒体与学术界都继续宣传这种理念，即每一种语言是否都是一副特殊的视镜的问题尚未有定论。正是这种沃尔夫主义的前景如同邀约赴宴一样让人跃跃欲试。

但是有的沃尔夫主义比别的沃尔夫主义要来得好些。如果阿尔弗雷德·布鲁姆写一本书称汉语使讲汉语的人在某些方面比讲英语的人更有见地，那他可能早就得普利策奖了。

为什么呢？它阐明了沃尔夫主义吸引力的核心，但又与以真实和尊重的态度探索人类的状况相对立。

第六章 _ 对人性的尊重

沃尔夫主义对人本能的吸引力是不科学的。

许多人可能会不同意,而他们中的新沃尔夫派研究者们更是会以鲜明的理由来反对。新沃尔夫派研究者对人的思维的研究确实激发了沃尔夫主义者的积极性。他们提出的问题很简单,就是语言是否影响思想,但这是一个具有更广泛含义的问题,比如语言的能力是否与其他认知功能分别体现在大脑中,以及语言的哪些方面可能会影响思想的问题。

然而,这个问题的定位,部分是临床性的,部分是哲学性的,除了对沃尔夫主义进行纯正研究的学术心理学家和人类学家的那个小圈子以外,并不能令其他人也兴奋起来。如我已经指出,即使是在这一学派的鼻祖如本杰明·李·沃尔夫,他的导师爱德华·萨丕尔,以及人类学家的先驱弗朗兹·博厄斯中间,他们观察探讨语言和思想的主要驱动力是想要证明那些我们认为初级原始的人的语言文化其实与事实完全不相符。沃尔夫在把霍皮语描述成使其使用者感受到时间的循环性时,他的目的并不是漠然地审视语言是否影响思想。哪怕只是粗略地一读他的著作，可以看出他的目的都很清晰：想要显示霍皮人并不是无知的野人。

这一目的的出发点是很好的，在当时，对这个结论的探究即使是在知识分子中间也是很迫切的。在沃尔夫那个年代，你可以翻着《韦伯斯特新国际英语词典（第二版）》，然后读到阿帕切族人被轻描淡写为"具有好斗的性格和较低级的文化"。这个目的本身，即使在今天也还是适用的——它对于沃尔夫主义在当今知识文化（不只限于新沃尔夫派的实际主导者那个小圈子）中的地位确实是很基本的。他们研究的语言，往往是那些很少被视为落后的人所说的语言，比如俄罗斯人和日本人，而他们自己对这些语言的细微处进行了严格且毫不妥协的具体研究。

但通常情况下，现在的那些旁观者们，无论是不是学术界的——对这些人我们可以称其哲学为大众沃尔夫主义——他们在此研究中所寻求的并非语言是否影响思维的问题，而是力求证明世界上所有的人在智力上和受过教育的西方人是平等的。

是倡导还是报道？

当然很少有这种提法。但是，有迹象表明我曾经提到过的接受上的偏差。沃尔夫派关于人们对材料的质感或颜色色调上的高度敏感性的研究被认为是墙上多了一块砖而已；而以同样方式指出中国人的欠缺之处却被孜孜不倦地争辩着。人文课上，同一个老师既会热情地向本科生介绍说沃尔夫的理论值得探究，却又会在同一门课里告诉学生说将黑人英语中对标准英语语法的省略（比如经常不用 be 动词或第三人称单数时的 -s 后缀）与思维模式联系起来是错误的。这里没有一个老师是故意要令学生困惑；我甚至怀疑他们中任何人是否有机会考虑到这一特别的矛盾。然而这具有启发性：即基本投入是倡导，而不仅仅是探究。

这种倡导性的动机不仅在和熟悉沃尔夫理论的人的交流中清楚可见，从新闻和文学材料对沃尔夫主义的各种提及中也可以清楚看到。记者马克·埃伯里听一个讲莫霍克语（Mohawk）的人谈论关于表达"正义"的词 ka'nikornriio。那个人说："你会用不同的词义。有的是'不错'。有的非常接近——有时用这个词来表示——法律。ka'nikornriio 这个词还有'美'或'好'的意思。所以说'好'和'法律'是一样的。"埃伯里思考道："我的感觉是一个三小时的哲学讲座刚刚被压缩成了几分钟。"然而我们自己的"正义"这个词几乎有着同样的几层含义，你可能会想埃伯里是否会认为把它拿到关于康德和黑格尔的课上来讨论会有用。埃伯里在此处的目的并不是显示语言影响思维，而是比这更具体的——即莫霍克人就像讲英语的人一样有着抽象思维。

记者杰克·黑特（Jack Hitt）描述了智利的一种土著语言叫卡韦斯卡尔（Kawesqar）。它有几种过去时态，包括一种用来区分神话和现实的。很酷——但是黑特接着推测到卡韦斯卡尔人几乎不标注未来，因为作为原先的游牧民族，他们显然大多数时候是活在当下的，不需要太多地去思考未来。在沃尔夫主义上，将来时似乎很能让人们发挥出创造力：回想一下基思·陈视它为阻碍而非鼓励节俭，而文学评论家埃德蒙·威尔逊则认为俄语里模糊的将来标记是为什么俄罗斯人看似从来不会准时的原因！黑特在这里的贡献，同样地具有创造性，不仅仅只是说明语言与思维间的联系。认为一个族群因为太沉浸于当下而不会为抽象的、不可控制的未来自寻烦恼，这种想法是浪漫的，与沃尔夫对霍皮人的描述一脉相承。黑特传达的是"这些人是有道理的"。他明确地说："每一种语言本身的筋络里都埋藏着自己独特的神学与哲学。"

这样的例子不少，比如 K. 大卫·哈里森"语言是聪明才智与创造力的见证"的理论，或者如丹尼尔·埃弗略特关于皮拉罕语的研究是建立在这样一个论点上的：即皮拉罕语言的特殊性，比如除了一（个）以外没有数字，展示了他们对环境的适应，类似于他们身体上的适应。这些人不是野蛮人——他们是合乎情理的。

一般来说，任何熟悉社会科学学术文化的人都会认识到，对凡是暗指语言和文化可以分离的概念有一种非常普遍的愤慨——这一思想也激发了我写的第三章。当然即使是对那些坐在观众席上看这类事情的人，语言和文化是相关的的概念都似乎很明显。然而，你可能会问：为什么愤慨呢，特别是还有被人否认的可能性？

想象一下如果有人否认氧气和氢气是水的组成元素——很难想象听者会震惊地反应说"他怎么敢这样说！"显然还有些别的什么东西造成了对语言和文化的这种主观的反应，一种既感性又理性的东西。也就是说，真正的兴趣并不在于显示语言和一个族群是什么样的有关，而是在于显示语言和一个族群为什么应该被喜欢有关。

我们所重视的不只是语言如何显示一个族群的文化，而是他们的文化是如何正当合理且复杂精致的。那么自然地，对持这一理念的人来说，想到要把语言和族群的优点分离开来的可能性不仅令他们觉得是错误的，而且是轻蔑、恼人、令人反感的。

你完全可能会问，寻求反映世界上尽可能多的人的优点有什么不对吗？它是积极的、宽容的、开明的——抵制这样的事不是很落后吗？例如，埃伯里和黑特一直致力于不让那些无名的语言绝迹。K.大卫·哈里森则努力寻求保持土著文化的活力。当然赞美讲这些语言的人也是与那个使命相关的。他们及无数其他的人有着最好的意图。

尽管如此，我认为传统式的拥抱接纳沃尔夫主义，包括它善于从普遍性提升到特殊性的特有风格，虽然出发点很好，但其发展方向却并不讨喜。沃尔夫主义所寻求的三个目标，在典型的公众讨论方式下不知不觉地被颠覆了。

问题之一——诚实

世界观总是高尚的吗？

关于由语言创造的世界观的文献没有提到，如果这个分析是正确的，那么这种世界观有一些特别令人不悦的方面。语言会让人感受更多或看到更多——塑造这样的想法也要求我们认同，比方说，语言也可以让人变得更种族主义或性别歧视。

请注意我写的并不是泛指的"语言"会变成种族主义或性别歧视，这是显而易见的。在任何语言里都可以造出带有种族或性别歧视的句子。决定如何处理它是一个独立的主题，与一种给定的语言本身是否含有种族主义或性别歧视的基质（有些确实是有的）的问题是分开的。

很多人都清楚我们熟悉的罗曼语系和日耳曼语系就是其中之一。我们学过在英语里单数时会区分他和她，但复数的他（她）们（they）被理解为男女都指。然而实验表明，如我们所预料，默认的倾向是原本应该性别中立的代词会被和男性联系起来。正是这些语言的语法中所包含的赤裸裸的性别歧视在像法语那样的语言里更明显——法语里还真的有一个第三人称复数代词是指女性的，elles（她们），但当男女都指时却用的是表示男性的 ils（他们），而且恰恰就是表示男他的词的复数，好像真的是伤口撒盐一样。想象一下英语里讲到一组有男有女的人时说"He-s（他的复数）很快就要上楼了"。（是的，从字面看上去 he（他）就包含在 they（他们）里，因为中间的字母 h 和 e，但这纯属偶然；这里的 h 是白拿的，是跟在 t 后面表示 th 的发音。）

问题是这种不经意的性别歧视隐含在全世界的语言中，是人类族群里一个不幸却很强大的趋势。甚至更为直接。美洲印第安语夸萨蒂（Koasati）语完全是那种细密的语法差异多到满溢出来的语言，以致人们不禁会猜测夸萨蒂人是不是更熟悉（基本上）我们所知道的生活。然而那些差异中有一个是属于男性在讲还是女性在讲的差异。如果是男的在讲就要加一个额外的后缀。如果要讲"他在把它提起来"，女的说时是 lakáw，但男的说时是 lakáws。又比如讲"你在说话"，女的说时是 ísk，换成男的说时就是 ísks。这种差异贯穿了整个动词体系。印度克拉克斯(Kũrux)的语言里，如果是女人对女人说话会有专门的词尾，而如果是男人对男人说话或男人对女人说话则被视为"正常"情形。

语言也可能变成西方人口中的种族主义。美洲原住民的语言尤奇语（Yuchi）除了其华丽的语法以外，还有特殊的代词来指尤奇人，而用另外一组代词来指其他所有人。人们也许会倾向于把这个看作对这样的小圈子有益的自尊行为，但是如果说德语或汉语也这样做的话那我们可能会有非常不同的理解。

对于这些东西，一种诱人的反应是对这些特征造就了一种"世界观"表示怀疑。但是由于缺乏一种衡量标准去证明有理由把性别歧视和种族主义与世界观的其他方面区分开来，这就要求人们把语言中其他花里胡哨的东西归类为与它的使用者如何看世界是同样无关的。

事实上那个主张是有一些根据的。确实有一些语言里女性而非男性是默认的性别。在这些语言里，女性化的词多于男性化的词，当有一个新的词产生或被引进语言中时，它会被自动标注为女性的，还有/或者当男女都在时，用的是女性代词。说起来，这些是证明规则时的例外，是很少见的——巧的是，我们在本书里一直听到的亚马孙流域的贾拉瓦拉人，以及他们的姐妹部落就是这样的例子。

然而，我们没能找到这些部落以有益的方式珍视女性的证据。相反的，这些社会对待女性的态度方式与一个偏爱女性的语法看似几乎是有悖常理的不相符。这些族群中有一个叫巴纳瓦（Banawá），当女孩月经初潮时她会被关在一个小棚屋里数月，只有排泄和洗澡时才被允许出来，而且出来时头上会有一个织得很紧的篮子，连眼睛的开口都没有；当她最后被放出来时，在一番长时间的庆祝后，她的背会被打到出血为止。

在这种情况下最肯定的是，语言没有以我们认识的任何方式创造一个世界观。大众沃尔夫主义宁愿不去谈论这样的事情——这种态度可以揭示沃尔夫派更广泛地处理其他事物的方式，这些事物是语言本应使其使用者有目的地感应到的东西。

问题之二——尊重

透过显微镜

沃尔夫主义，在公众被倡导接受的背后，是一种居高临下的态度。

这完全不是原本的意图，很多沃尔夫主义的推广者认为自己就是致力于让我们看到无名族群和西方人是平等的。他们珍惜多元化并且想要宣传它。然而，认为语言因显示了我们灵魂的多样性所以精彩的理论，既不是像它看上去那样是必然的观点，也并非自然而然就是仁慈善意的。

这从沃尔夫主义在知识文化早期的地位上就很容易看出。还记得我们亲爱的老普鲁士人海因里希·冯·特赖奇克说的:"语言之差别必然意味着世界观之不同。"除了那些在地理政治上占主导地位的国家所说的语言外,人们并不把语言都想象成是仁慈的,确实是,冯·特赖奇克把这个世界上不太幸运的人们称为"野蛮人",其中包括的不只是第三世界的无名小国,还有离他不远的群体,比如立陶宛。而冯·特赖奇克的德语世界里,就在他之前不久,即使是像威尔海姆·冯·亨伯特(Wilhelm von Humboldt)这样博学的哲学家兼语言学家也认为汉语因其缺乏性别及动词词性变化的词尾,代表了比欧洲语言更早的语言"阶段",不适于最高程度的论证推理和进步发展。从他的一本标志性著作的题目就可以一目了然:《论人类语言结构的多样性及其对人类心智发展的影响》。从这里到视语言为"世界观"的现代追求之间的距离并不遥远——冯·亨伯特甚至被一些人评价为真正的沃尔夫主义之父,这也不是无中生有的。

我们对自己已经超越了这种思维感到喜悦。就说现代沃尔夫派吧,他们不像老一辈那样将语言置于那种复杂的程度,而这样的追求对沃尔夫主义的拥戴者(即使是学术界以外的)来说显然是他们最不想考虑的。

是这样吗?冯·亨伯特对"人类心智的发展"的兴趣看上去那么老旧(原文可能更是如此)。然而即使是今天,多样性一词对于沃尔夫主义是如何被争辩的来说也过于笼统了。多样性中令我们感到不愉快的方面会被小心地完全剔除出去，比如像上面提到过的性别歧视和种族歧视，或者语言会让人对假设性不那么敏感的可能性（比如汉语），又或者有些从未被讨论到的事情，比如语言将吃和喝并成一个词"进食"。大众沃尔夫主义的主要动力就是要显示其他族群是如何比西方人更胜一筹的：比如更熟悉"知道"的不同形态，比如没有那么沉溺于将来，比如更熟悉他们的地形，比如对消息的来源更敏感。

说英语的人只是在讲话，而说莫霍克语的人则是在讲哲学课。土著语言是对创造性的见证——但支持那一观点的人会以同样的方式写关于英语的内容的可能性则非常小。对他们来说，把英语歌颂成一种"伟大"的语言这种执着又迂腐的传统是遥远的、过时的，散发着强烈的帝国主义的气息。在这种观点下，俚语也能够被称为"创造性"了——但对此的认同却是源自俚语对标准英语这个霸主那些落伍发霉的词句的不屑一顾。大洋洲土著语言据称是没有表达时间的词的，反映了他们的观念即时间进展不会发生，人类的任务就是要将生命保持得像神创世时的一样——因此这样的族群永远不会给世界带来全球变暖及其他生态问题。

不管有没有用，澳洲的很多语言里有一个代表时间的词，但那个词和其他的词足以说明一个问题——还有无数的关于语言和文化之间关系的其他陈述也会证明——即除了对多样性的赞美，还有更多的事情要做。在力求使公众避免文化短视的过程中，这一思维转向异化了。毫无疑问，起点是"我尊重你和我不一样"。然而在社会文化的背景下，尊重被视为是智力和道德上的开明，因而怀有尊重必然会与如何正确地处事为人联系起来。于是一种意识形态的使命开始蔓延了：尊重将放大成更积极热情的东西。新的口号变成了：

> 我喜欢你和我不一样。
> 或者也可以是：
> 我之所以喜欢你是你和我不一样。
> 这一口号意味着：
> 你好就好在和我不一样。

但是请注意，这种被称赞的对象并没有理由感到是被真心诚意地夸奖了。他和西方人不一样这一点既不是他的人格定义和自我价值，也不是我们应该这样认为的，无论是明示的还是暗示的。最终，我们以这样的方式描绘土著人时，我们自己的收益要多于他们。这是明显的，因为那些把珍视他人的价值观和民俗上升到认为比他们自己更"真实"的人往往对这些"他人"没有如此地期待。

这些人的想法是，如果那个"异族"人把他的族人看成是比我们更优越或更重要的，那么他是在正确的轨道上——他懂得我们才是怪人，是不开明、不酷的人，他太棒了。但是我们之所以看重这个是因为它对我们观点的验证，我们接受了却没有想过我们正赋予他一个我们自己认为是落后的观点。也就是说，我们在颂扬他的落后。那不是真正的赞美。

很简单，我们可以想象一下自己被放在显微镜下。让一组人观察我们所做的，包括我们怎么讲话的，在发现我们与他们的诸多不同后，他们很着迷，甚至将这些差异提升为在某种程度上比他们自己的更"纯真"的东西。或许用那个在技术上遥遥领先我们的外星人造访并观察我们的故事来类比会有帮助，读者会经历一种陌生的感觉——渺小，平庸。把这一类比更进一步，去想象外星人夸我们多么"真实"——还依然靠自己地球上的资源生活，而不是从某个星际来源获取能量，等等。

嘲笑多样性是和人人平等的主张相悖的。但是过分崇拜或神化它，也许看似是进步的，其实同样是很精英化的。难道我们以很刻意的方式来赞美人们的有趣之处吗——"哇，这些棍子有多长、多厚你真能感觉出来啊！"；"啊呀，你太了解什么东西是你看到的还是只是听到的之间的差别了！"归根结底，难道不是因为我们不能真正体会他们只是和我们同等的人吗？

问题之三——准确性

领悟是什么？

大众沃尔夫主义一词是不对的——我们需要一个界定性的术语。别搞错了，学术新沃尔夫主义一词是对的。但在实验室以外通常对它的诠释却并不真实。

语言不会以人们可能合理假设的方式塑造思维，文化模式也不会像人们合理假设的那样塑造语言的结构。相反，语言的构造方式是一种偶然的自生能力。它是密集的相互作用的子系统的集合体，以低于意识水平快速运转，由于磨损和积累的误解而无休止地变成新的声音和结构，这样有一天曾经的拉丁语成了现在的法语和葡萄牙语。

千万不要把这一概念与乔姆斯基的"语言器官"有别于其他认知的理论等同起来。所有迹象都表明语言是思维的组成部分，而由此，这个叫语言的东西，被有感知的大脑所吞噬，任意不断地向思维的各个领域抛出触角——因为最终语言可能明确标注的东西有很多，但永远不可能全部标注它们——那也是人类精彩纷呈的多面性。

然而，无论何种语言，感应能力本身是一样的。当然，一个附在感应的某一区域的触角会强化说话者对相关现象的敏感度，而此书绝没有否认其确凿证据之意。然而相关的实验已经向我们显示这种强化作用只是隐约的微光，只有费尽苦心的实验才能显示，而绝不是像冯·亨伯特、冯·特赖奇克及其他任何人所提出的那样，创造了一个看世界的不同方式。

由此，文化作为人们思维方式的总和并不能渗透到一种语言的运作机制那黏黏的核心。请注意我写的是一种语言，而不是泛指的语言。后者我已经表明了当然会受文化的各种影响。我们的真正兴趣——因为是沃尔夫主义的——并不只是显而易见的"语言",而是一门单独语言的偶然合成的内部机制——比如它的语法,它如何表达"上星期"的,那些成人不易掌握的特点。文化会影响到语言是如何运用的,并让它以毫不神秘的方式标注某些文化最看重的东西。但是文化并不能影响到语言整体不可缺的部分,比如语言的构造细节。一种语言的结构,以及它碰巧涉及或没有涉及现实的任意一个方面,与文化没有意味深长的关联。

是的:"语言的结构与文化没有意味深长的关联"。你不必相信我说的。就像爱德华·萨丕尔在将近一个世纪前告诉我们的:"就语言形式来说,柏拉图和马其顿的养猪人共行,而孔夫子则与阿萨姆的猎头野人同路。"虽然这种用词现在听起来有点别扭,但萨丕尔的意思是说马其顿语言与俄语有联系,就像古希腊语一样布满了语法格和动词词性变化,而汉语则是像南亚和东南亚的各种小语言一样构造起来的。文化和语言结构——也就是说,思想和语言结构——并不匹配。这种说法出自曾经激发过沃尔夫的人物之一或许有些令人意外,但事实就是如此。这是我们在本书中所见到的。

鉴于此,我们在赞美小语种的词汇作为"文化视角的体现"时感觉有多自在呢?毕竟,很明显我们自己语言里的词汇就是词,没别的。西班牙语里一个角落是在外面的还是在里面的有不同的词:你绕着那个角落(esquina)外面走;你站在那个角落(rincón)里面。英语里只用同一个词,但没有人会认为那就代表了"地理知识"——英语只是恰好在划分现实的方式上与西班牙语出于偶然地不同。法语没有一个词代表突出显眼（stick out），意即本来整齐排列的一排东西，加进某样东西却没有放整齐，但是想象一下如果法国科学家因此得出定论说，这意味着英语的 stick out 说明我们在文化上对突出的东西没有他们敏锐！法语只是恰好把这一概念表达为什么事情没有做对，或什么东西"超过"了（dépasser）；即使他们没有那个正好包括"突"那层含义的词，他们的意思还是表达出来了。

没有一种语言里的词可以把生活中的每一个细微差别都标注到，因此每一种语言里概念的划分也恰好是不同的。这些不同是好的，但认为这些不同就代表了对生活的不同看法——这种观点能够成立也只能是当我们在自己熟悉的语言上认可接受它。倘若撇开他们的语言，瑞典人会擦，法国人能看见突出显眼的东西，那么我们经常听到的整个关于土著语词汇的理论就站不住脚了。

*　*　*

研究圣托马斯·阿奎纳著作的学者欣然承认，即使像他那样杰出的思想家，他写的很多东西也并不大得现代人之心，比如他写的无数关于亚里士多德有关物体的基本属性与偶然属性的差异的专题论文，对偶然属性进行了细致的分类，目的都是为了围绕变体及圣体圣事来解析神学问题。你可以设想自己在圣托马斯·阿奎纳的脑子里，从而了解在 13 世纪时这些问题对他的迫切性，但同时依然觉得这一阶段的哲学探索是在某些假设和关注点上进行的，而现代哲学，在思想史的进步中已经在经验主义上超越这些了。

同样我们完全可以理解，为什么即使是最科学的头脑也曾经相信自然发生说。显然腐烂的物质里似乎可以跃出生命，而只有通过显微镜和严格使用的演绎推论工具，人类才能看到微生物。

语言的研究有着相似的阶段，回想起来，似乎可以理解但很原始。如果你只知道那些有很多词尾且需通过写得满满的表格才能掌握这些词尾的语言，很自然地会认为凡是没有这些的语言就不够高级，就像威尔海姆·冯·亨伯特认为的那样。只有在对像汉语这样的语言进行了长期的研究后，才发现让语言显得困难的东西远远不止词尾这一样（我在《语言是什么》这本书里试图说明），然而即使是今天，外行依然会说汉语这样的语言是"没有语法的"。

这里同样密切相关的是那些昔日认为语言代表人们如何思考的冯·特赖奇克们。读者可能知道我想要说什么了：认为每种语言都使它的使用者与说其他语言的人思维方式不一样——即使这种差异是"好"的——这种想法可能并不像它看上去的那样有进步性。这种认为所有的差异都是好的，甚至"酷"的想法显而易见具有脆弱性。我们见过这个问题，必须补充一下，这个学派是典型地建立在一个极小的比较框架基础上的——六千种语言里的两到四种语言——也就是说你被迫只能做类似盲人摸象一样的比较。

那么你可以说，大众沃尔夫主义，虽然其出发点都是真诚美好的，但其主张却是不够成熟的——它只是通向正视语言其本质的道路上的一个阶段，是一个我们只专心致志于当下的关注的阶段，而这种当下本身的引力，使我们无法注意到全景全貌。我们可以继续拿圣托马斯·阿奎纳的著作做类比：就像对宗教的承诺让他不能像现代哲学家们一样考虑纯经验主义的方式，而现代流行的沃尔夫主义热情也是植根于所谓的宗教式冲动，即拥有现代思维的人们忠于对多元化的推崇、培养和捍卫，而不是贬损它。

这种"宗教"对人类社会的巨大改善是不可估量的。然而，正如我所论证的，在一门具体的语言是如何运作的问题上，这种宗教几乎不可避免地变成了一种本质主义，与大多数人向前看，宽容较小的事物，及赞美平凡的事物相对立，且把这一切都称为验证，而其验证对象几乎无法识别。

流行的沃尔夫主义并不是民间意识与经验主义之间在语言方面脱节的唯一症状。规定主义也是，它认为有些语法形式是"坏"的，并以某种科学上无懈可击的方式被误解。作为一名语言学家也意味着永远都要与认为以下说法是"错的"的民间观念作斗争：

Billy and me went to the store.（比利和我去店里了。）

Each student can hand in their paper.（每个学生都可以交他们的论文了。）

There were less books there than I thought.（那里有的书比我想得少。）

人们认为这些惯用语是"错误"的，而它们又被如此广泛使用，因此看似是可行的——这种想法根植于几个世纪前定下的法令，定的人虽然有文化但其语言学的视界有限，他们认为英语应该模仿拉丁语，或者把语言学之逻辑等同于数学的逻辑，不管语言学的逻辑是否能达到准确传达意思的目的。语言学家期待着有一天普通大众会明白，我们被教导的规定主义是基于没有科学依据的虚幻戒律。

许多大众沃尔夫主义的追随者在这一点上和语言学家的想法是一致的，但他们忽略了普通大众同样会被误导，如果西方欧洲语言用不同的词代表知道（know），比如根据是否是事实的（法语 savoir, 德语 wissen）或熟悉的（法语 connaître, 德语 kennen），那就意味着讲那些语言的人比讲英语的人对"知道"的真正含义理解更敏锐。或者，他们并不了解普通大众被错误地教导：土著族群必须用前缀来表示他们的消息来源，就比其他族群对于了解自身环境意味着什么感觉更敏锐。虽然这个想法本身很酷，但是从整体、长远来看却站不住脚。回想一下，我们难道真的认为缺少这类前缀的非洲人对他们环境的细微之处就不敏锐吗？

我们对语言的观点会超越目前的阶段吗？公众对于语言的领悟会因为我们的文学课教育而提升吗——就像伊曼努尔·康德在他的经典著作《什么是启蒙》里所希望的那种思想进步？如果是这样的，那我们一定要对这里发出的警钟重新考虑。

英语里不知为什么对"get"这个词有一种痴迷。如果问 get 是什么意思，我们很可能会说是"取得"的意思。但这个词在整个英语中的渗透远远不止于此。明白搞懂什么事情是 get it。用力量征服什么东西是 get it—I'm going to get you（我会抓到你的）。进入某种状态是 get that way。你让某人做什么事是 get someone to do something。你可以去那个舞会是 you get to go to the ball。甚至你被炒了是 get fired，受伤了是 get hurt。

这很有可能证明了它是讲英语的人才有的特殊的地方。一个学者可能会这样去诠释：这些 get 的含义揭示了民族语义学的现实，即讲英语的人通过他们对那些表面上看来并不起眼的小词的特别用法表达了一种基本文化取向。

语言学家安娜·维兹毕卡（Anna Wierzbicka）其实恰好已经有过这样的想法了。她指出，比如像 She got him to do it（她让他做了），She got mad（她生气了），She got herself kicked out（她搞得自己也被踢出去了），这些句子都带有某人不情愿地经历了某事的含义。她将此视为所有事物民主化的结果，认为"新型的管理型的社会"需要"人际因果关系水平的提升"，比如像语言可以区分诸如某事的发生是不是经历此事的人有意引起的之类微小的差异。她还提出民主铸造了对个人自治的文化关注——或对它的抑制——因而进一步鼓励了这种"get"类构成的盛行。

在诸如此类的论辩中，维兹毕卡常常被认为是既没有掉进对沃尔夫主义进行更卡通化诠释的那一套里，又表明了即使英语也可以教给我们语言是如何反映文化的。她敢于那样做值得称赞，与我在第四章中所指出的那种更为常见的对于我们自己熟悉的英语如何"塑造思想"不关心的态度形成对比。但是即使像她那般富有洞察力，她的结论大多还是基于只在欧洲讲的少数语言。当然我们需要更大的样本来发现英语中对 get 的痴迷究竟是否和"盎格鲁 - 撒克逊"人，或者甚至就像她常说的"盎格鲁"人有关，还是只是单纯的偶然事件。

巧的是东南亚有几十种千年来一直过着农业传统生活的小的土著群落讲的语言，仿佛 get 溜过边界渗入到这些语言中，和英语的情况相似。在像芒语、阿拉克语、布劳语和壮语这样的小语言中，人们不仅仅只是从别人那里得到礼物 (get present)。当你必须回家时，你回到家 (get home)；如果你会跳舞，你就跳舞 (get dance)；如果你是个走路慢的人，那么人们会说你是慢慢走路 (get walking slow) 的人；如果你笑得太厉害导致你的侧面都痛了，那么是你的笑让你的侧面痛了（your laugh get your sides aching）。特别是大多数的这些意思都意味着某人意外地或被动地经历某事，就像英语中的 get 构成一样。

但是这种 get 的多产性在那个地区的"明星"语言，如泰语、越南语、老挝语中也盛行着，而它们与那些无名小语种有着完全不同的历史。如果只了解像泰语等众所周知的语言中对 get 的痴迷，我们会认为这些族群在商业和文化上的统治地位也许和他们把有"获取"意思的词捧上天有关，就像英国发生的那样。然而那些山岭中默默无闻的语言就像英语一样对 get 痴迷，这就让用沃尔夫主义来理解这件事情怎么也行不通。

唯一合理的解释就是所有这些语言变成现在的样子都是出于偶然。它们向 get 群伸出一个触角，而不是意在实据，抑或用不同的词代表深蓝、浅蓝，抑或根据口中的东西来决定用哪个代表"吃"的词。你永远不会知道汤里什么地方会起泡泡——女士们先生们，就是这么回事。

同样的，当记者艾米·维兰茨 (Amy Wilentz) 深刻地描述为什么海地不幸的历史使得巧妙掩饰在当地文化传统中成为必需，并把海地的克里奥尔语 (Creole) 用同一个词代表"他""她"和"它"，以及用同一个词代表"我们"和"你们"视为其语言学的现象时，她对两者的相关性做了一个合理的假设。然而它却不是真的：两者间的相关性只是偶然。

汉语和芬兰语里也有"他、她、它"通用的代词，尽管这两国的过去和现在与海地是那么不同。与此同时，很多与海地一样有着苦难历史的地方用的代词却把现实世界分得比英国人还细，例如，澳大利亚以东的南海区域的很多语言不像英语里就用"我们"，而是会分我和你，我、你、他，以及我、你、他们。

至于"我们"和"你们"用同一个代词，海地人是从非洲语言那里学到的——非洲语言的创造者们三百年前就已经在用了。没有对那些人，比如贝宁的方族人 (Fon)，做过人类学的分析以示他们的文化是基于伪装和隐晦上的——他们是一个有几千年历史的土著文化，其模糊代词的诞生与种植园奴隶制的迫切需要没有关系。他们的代表"我们"和"你们"的代词只是碰巧结果是同一个——就像在老英格兰那片乐土上，如我们在前面一章里所看到的，曾经有一段时间"他"和"他们"也是同一个词。没有人认为那个和英国农民巧黠的语言烟幕有关；只是恰好碰上语言时不时地在变化，声音会渐渐磨损流失，最后成了同音异义词。就是同音异义词——所有的语言里都有，如果英语里 May（五月）和 may（可以）的同音异义就是自然而然在那里的，那就只能让沃尔夫派们来解释为什么海地语里的 nou（我们）和 nou（你们）是"文化的"现象。

海地语里的代词和海地文化没有关系。只有当把照相机拉近看海地的克里奥尔语及少数几个我们恰好熟知的语言时，才似乎是这么回事。当然不能怪维兰茨不知道这个。她是一个优秀的记者，并不想装成语言学家，她只是像我们那个年代受过教育的人那样接受了沃尔夫派的思潮。只有语言学家才需要熟悉世界各地的语言模式。如果有人把大蒜吊在门厅里来预防感冒，那要怪医疗界没有传播真理。同样的，像维兰茨那样的颇为流行的沃尔夫派理解也不能怪她。

语言学家、人类学家和心理学家都有责任来启发开导大众，语言并不像我们可能期望的那样与文化同行。如果经验主义是我们永恒的目标，那么语言可以继续成为鼓舞人心的东西，而不会受到流行的沃尔夫主义的扭曲。我们可以继续寻求启蒙，继续前进。

相同性之神奇

事实上语言一直都在和思想轻舞。证明之一就是术语的意思可以很快随着思维模式而变通。例如，加州大学语言学家乔治·莱考夫（George Lakoff）曾经提出众人皆知的建议，即民主党可以通过改变那些具有政治含义的东西的标签，比如把收入税称为"会员费"，把出庭辩护律师称为"公共保护律师"，以吸引更多的选民。自从贝拉克·奥巴马现象独自创造了民主党的优势，莱考夫的这一观点也显得不那么迫切了，但它本来至少可以有一个短暂的效应的。术语并不塑造思想，但它跟随着思想。

想一下类似"平权法案（affirmative action）"这样的专用语，现在已经变得那么习以为常了，我们很少会停下来把实际构成它的词分析出来看是什么意思："affirming（确认）"什么？什么样的"action（行动）"？这一用语巧妙又大气，让一个总是很有争议的政策听上去积极并富有建设性。但是请注意，政治对手们很快就把这个词与它所指的政策对他们所引起的同样负面的情绪联系起来，以至于今天很多人说起这个词时还带着鄙视。福利（welfare）这个词也差不多。词本身的核心含义和它的现代政治意义的对比有启发作用，比如很容易想象出 20 世纪 30 年代时莱考夫恰恰提议用"福利"这个词作为政府补助的标签。显然，另一个代表同样政策的巧妙用语"家庭救济（home relief）"很快就染上了同样的负面意义。类似地，如果一个问题通常会遭受冷淡轻蔑的态度，那种态度一般也会附着到相关的新的用语上。这在那些迫切想要的词上都发生过，比如"大男子主义（male chauvinist）"和"妇女解放（women's liberation）"，还有"特殊教育（special education）"。

改变术语在初始阶段对改变民意有一些作用，这好比上帝让地球按自然神论哲学来运转。但真正创造变化的是辩论，以及必要的政治戏剧化。单纯的术语需要不断地更新，因为对手很快就"看出"最新造出的术语的巧妙用意，然后用新的标签掩盖旧的，并将其应用在他们一贯所持的态度上。只有在一种难以想象的极权主义背景下，公民可获得的信息是如此有限，以致建设性的思想和想象几乎是不可能的，语言对文化才能有持久的驱动作用。这就是为什么奥威尔和他的《1984》，虽然料想在我讨论至此时会被提及，但在这里并不真正相关。在现实世界里，语言会谈及文化，但不能创造文化。

除了作为文化标记的名称外，语言只是同一种思维方式的变异体，而非每一种语言各揭示一种不同的思维方式。这里的同一种思维方式即人类的思维方式。这听上去也许平淡无奇，但同质化其实比它的名字听起来要更有趣。它在人类中的普遍存在就与多样性一样是一个反直觉的经验。

人类学家唐纳德·布朗（Donald Brown）的人类共性一览表在这里有无价的作用。所有的人类都有艺术或使用工具，没人会为之惊讶。但是，很多在全世界所有人类族群中被发现都有的东西却是出乎意料的，并让人觉得自己所属的族群是如何被定义的远远不止于外貌及婴儿哭啼的本能。例如，在所有的族群中都有相当于婚姻的东西；人们从来不是只热衷于随意的性安排。所有的人类都对蛇有一种特别的恐惧。所有的族群都有一种与儿童及育儿有关的音乐。没有一种人类族群不偶尔沉迷于某种兴奋剂或酒精麻醉剂。全世界的女人调情时的面部表情都是一样的。认为排泄和性是私密的并非只是西方人的"自扰"，而是任何地方的所有人类都是这样的。在语言上，有些语言里说坏是"不好"，窄是"不宽"等，但没有一种语言把负面的词用来做这样的基本概念的默认值：没有语言会把"不坏"称为好，"不窄"称为宽。

还有一个是我最喜欢的例子之一。我前面提到过的苏里南雨林中讲萨拉玛肯语的萨拉玛肯人创造艺术，就像所有的人类一样。收藏家们认为他们的篮子、纺织品和木刻是古老的土著传统的见证，因而有价值。我们想象着萨拉玛肯人把同样的艺术模式由一代传给下一代，比如现今的木刻人是继承了17世纪苏里南社会成型时他的遥远的祖先的传统。

然而事实远非如此。苏里南的艺术家们虽然对其祖先有很深厚的尊重，但对年复一年地重复同样的模式也毫无兴趣。在他们中间，就像任何巴黎或洛杉矶的雕塑家一样，艺术在一生中或几代人里发生着变化。对他们来说，一个一百年前编织的篮子一眼就能看出很老式，没有编织者今天还会编这样的了。

一个苏里南艺术家在提到西方不断的创新后这样告诉一个人类学家：

> 朋友啊，这和我们的木刻完全一样！我叔叔那一代只知道

如何制作那些大而粗糙的设计——我们称之为"猫头鹰的眼睛"和"美洲虎的眼睛"——但人们从来没有从那时起就止步不前，不做改进。几乎每年都有新的、更好的东西。一直到今天。

西方收藏家们认为他们的作品一定是带有像生育或永恒的双重性之类精灵古怪抑或异国情调的"含义"，他们也很反感这一点。对他们来说，他们的艺术品就是——艺术，是源于人类基本的创作冲动而塑造的。

所以布朗的人类共性和苏里南的艺术都向我们显示了多样化并非让人类精彩有趣的唯一途径。拥抱多样性的一部分当然是理解同质性也会发生。

那么语言是不是就乏味呢？

语言非常生动地展示了这种同质性。有些人也许觉得这种观点和沃尔夫派相比不够动人，不够浪漫，不够有趣。事实上，让我们陷入每一门语言都是一种不同的世界观的理论的部分原因就是，如果不是这样的话，可能就失去了一个浪漫的元素。

举例来说：人们经常听到说"当我说（X语言）时，我好像完全变了一个人"。但是说这话的人几乎总是在成人后才学会那种语言，这并非偶然。他们在第二种语言里"变得不一样"的原因是他们不是生下来就说的！自然而然的，如果你再挖深一点让那个人描述一下他们在第二语言里如何感觉不同，他们通常会说他们变得不那么机智风趣或较迟钝了——那正是我们对能流利地讲一门语言但又不是天生会讲的人所预料的。

然而至于语言为何各不相同确实令人惊奇——比如语言如此不同地表达着同样基本的认知过程，即人性。不能否认有些语言在典型的句子中加入的观察要比其他语言多：典型的美洲土著语言要求你说的和典型的汉语普通话句子之间的差异是显而易见的。但是，任何语言里人们都可以，如果必须的话，都可以表达任何事物，而观察语言在实现这一可能性时如何各有差异是一件神奇的事。

例如，这个是英语句子：

"我们要让他们帮忙把它搬走吗？（Should we make them help to take it away？）"

但是在中国南部及附近国家的村落里有一种语言叫拉祜（Lahu），同样这句话是这样说的：

"我们 帮助 拿 去 送 给 正确 是吗？（We help take go send give correct yes？）"

拉祜语像汉语一样是那些没有语尾的语言之一，因此是那种让人很容易就假设是没有"语法"的。在拉祜语里我们看到（或听到）的就是短词像珠子一样串在一起。

那么多的拉祜语的句子只是动词跑在一起，就像火车车厢一样：帮助——拿——去——送——给——正确——这尤其不像我们所知道的任何语法，这个意思怎么可能是"要让他们帮忙把它搬走"呢？

但它就是的，完全就是这个意思。当英语用冠词和介词之类的"小词"时，拉祜语则大量地采用动词的次要意思。"去（Go）"的意思是"走了（away）"。"送（send）"的意思是"让、要（make）"，即出于某种目的把他们提出来——你可以感觉到"送他们去做什么（send them to）"可以就是"让他们、要他们去做什么（make them to）"的意思，就像英语里 see 可以这样用在句子里，See that they take it away（你要让他们把它拿走）。"Give（给）"表明了那个"送"——也就是"让、要"——是指向某人的，而这也显示了语言如何掩藏语法，因为这个 give 的词只能用在第三人称，所以也是"免费白送"的，对一个拉祜人来说意味着"我们让他们、要他们"，而不是"我"或"你"。也就是说，这个句子确实表明了他们——只是在我们从来不会想到去看的地方。"Correct（正确）"就像"送（send）"延伸出去成"让、要（make）"一样，意指"应该"。

拉祜语里充满了惊奇。最后的"yes"并不是随意的做作，而我的翻译就更松散了——真的，这是一个你必须附上的词以表明那是一个问题：又是语法，直接相当于英语中把 we（我们）和 should（应该）倒置，表示是一个问题（Should we…我们是不是应该……?）最后要说的是，在翻译时我省略了那些人人皆知无法翻译的跟在所有动词后面的小 ve。它的作用实在令人难以捉摸，以至于世界上这个语言的专家，我旧时的同事吉姆·马蒂索夫就其复杂性写过一篇恰到好处的标题为《哎呀，ve!》的文章。但基本上，在拉祜语里提出一个问题就是要把它全变成动名词那样，很像我曾经认识的一个以色列人，刚接触英语，有一次问朋友要不要抽烟，他说"Smoking（正在抽烟）？"，而不是说"想要抽烟吗？"在拉祜语里，刚才讨论的那个句子大致会是这样的，"我们有义务让他们帮着把它拿走啊？"所以有些语法是很随心所欲的，就像英语里应该（should）是不规则的那样。

那么拉祜语之所以有趣，是因为它表达的思想和英语一样，但使用的机制却大相径庭。如果拉祜语濒危的话，幸好它目前还没有，单单它本身就极棒的事实就有足够的理由至少把它记录下来。

但是在我们现代的时代精神中，更有可能的是认为拉祜语的价值在于它像看世界的一扇窗户——通过其句子的操作方式它体现了一种世界观。这里我们又回到了我们在本书中曾经见过的那些东西：拉祜语有像汉语和日语那样的材质分类词，它也有一两个示证标记，等等。但是到头来，像拉祜语法塑造思维方式那样的观念会把我们引向一条读者至此已经熟悉了的死胡同。我们甚至不需要再停留在其实最终是屈尊俯就的思想——认为拉祜语把动词串在一起而不是使用介词和副词就意味着讲拉祜语的人比讲英语的人更"活跃""生动"或"直接"。或者说，拉祜语并没有怎么标注过去时：所以如果不标注将来意味着你更省钱，那么或许拉祜人比其他人更顾及过去？又或者，就像日本人对铅笔、啤酒及电话通话都用同样的分类词一样，拉祜人对月份和睾丸也用同样的——如果能搞懂那意味着拉祜族是什么样的人就有意思了。

所以知道了。拉祜语法本身就是一个神奇而错综复杂的系统。一个文化有其独特的语言是否就是如何描绘这个文化的一部分呢？当然是的。但是，那样说并不就意味着语言即由句型和词组表达出来的文化。在与某一文化的本质和特质的关系中，语言的运作方式就类似于一块花格子。

前面是什么呢？

对有些人来说本书论点是无法接受的。他们可能会奇怪一个在《巴别塔的力量》和《语言是什么》之类的书里充满热情地写过世界语言中的种类的人怎么会否认语言和文化的亲密关系。

但是本书和那几本完全兼容。我并没有否认语言和文化是相连的。我只是对两者间的一种特殊联系提出疑问——即语法特征和词汇构造对于说母语的人从来不会被当作有什么稀奇，然而却被声称是造就了处世待物的生活方式。对那种理论质疑，既不是要与乔姆斯基学派为伍，把语言缩减成备用的一小部分功能名曰"语言习得装置"，也不是对大量的关于语言人类学、认知语言学及语言哲学的著作有所不敬。

我所提出的论点可能会在别的方面引起误解，特别是考虑到先前对沃尔夫主义的反对以及其拥戴者所习惯提出的辩护。比如，传统上的坚持认为没有人声称过语言绝对决定思想，这一点在这里没有用。那样的声明就是稻草人论证——几乎没有人说过，所以显然是错误的，参与其中就没什么意义。在前言里我确认过没有沃尔夫主义者会做这样简单化的声明主张，而是提出了一个更具体的论点：即使语言显著地使人更"可能"以某种方式思考这种观念也是令人非常担心的——例如，那些强加于我们的有关中国的和东亚的语言的主张。

最后一点，我对那些表明语言的运作对思想会有一些影响的学术研究并没有排斥。我曾不止一次地认可和赞扬这些研究，由此还努力推进学术沃尔夫主义与流行沃尔夫主义的区分。因此，对于有一种可能出现的意见即我本人并没有做过沃尔夫式的实验，意指如果我做过的话就会发现语言影响思维的证据，对此我的回应是我完全同意！那些研究所产生的证据本身就是那么明显，我实在没有必要再去用别的语言来重复他们的结果。该做的已经做了。

我的兴趣在于我们所学会的要从优雅但轻声细语的那些结论中得出的含义。是的，轻声细语——心理学家会与他们合作，但问题是这个被推销给我们中那些还蒙在鼓里的人的"世界观"之物。你可以为世界语言的丰富多样而欣喜，而不必把那种欣喜置于每种语言个体的运作都创造了对生活的不同视线的理论的基础之上。我的观点是最好回避这种诱人的思维框架。它在象牙塔以外传播的途径并没有得到科学的支持。这意味着象牙塔内外所有的人都不应对别人的观点确信不疑。再说这真的没有必要。我的研究工作就像其他无数的人一样，是试图向感兴趣的人说明语言本身就自带光环。

我们被告知语言教给我们的是作为人类我们有多么不同。但实际上,语言教给我们的是更真正意义上的进步——我们的不同只是我们的相同的变异。许多人会认为那是值得庆祝的事情。

注释

引言

关于霍皮语：Ekkehart Malotki, Hopi Time: A Linguistic Analysis of the Temporal Concepts in the Hopi Language (Berlin: Mouton de Gruyter, 1983), 534.

霍耶尔关于纳瓦霍语：Harry Hoijer, "Implications of Some Navaho Linguistic Categories", in Language in Culture and Society, edited by Dell Hymes, 142–228 (New York: Harper & Row, 1964).

多伊彻："颜色可能是……的方面了"：Guy Deutscher, Through the Language Glass: Why the World Looks Different in Other Languages (New York: Metropolitan Books, 2011), 231.

埃弗略特关于文化披风：Dan Everett, Language: The Cultural Tool (New York: Pantheon, 2012), 324.

沃尔夫关于牛顿科学：John B. Carroll, ed., Language, Thought, and Reality: Selected Writings of Benjamin Lee Whorf (Cambridge, MA: MIT Press, 1956), 154.

平克关于沃尔夫主义：Steven Pinker, The Stuff of Thought: Language as a Window into Human Nature (New York: Viking, 2007), 124–150.

雅各布森："语言根本的区别在于……"：Roman O. Jakobson, "On Linguistic Aspects of Translation", in On Translation, edited by R. A. Brower, 232–239 (Cambridge: Harvard University Press, 1959), 236.

冯·特赖奇克："语言之差别……"：Heinrich von Treitschke, The History of Germany in the Nineteenth Century, edited by Gordon Craig (Chicago: University of Chicago Press, 1975), 327.

第一章

卡萨桑托的研究：Daniel Casasanto, "Space for Thinking", in Language, Cognition, and Space: State of the Art and New Directions, edited by V. Evans and P. Chilton, 453–478 (London: Equinox Publishing, 2010).

史蒂芬·平克写《思想本质》时：Steven Pinker, The Stuff of Thought: Language as a Window into Human Nature (London: Allen Lane, 2007), 124.

有关赫勒娄族人：Guy Deutscher, Through the Language Glass: Why the World Looks Different in Other Languages (New York: Metropolitan Books, 2011), p.62, citing Hugo Magnus, Untersuchungen über den Farbensinn der Naturvölker (Jena: Gustav Fischer, 1880), 9.

有关皮拉罕人：媒体风暴起始于 Peter Gordon, "Numerical

Cognition without Words", Science 306 (2004): 496–499. 对皮拉罕人更整体的描述及其和西方族群相比之特殊性出自 Dan Everett, "Cultural Constraints on Grammar and Cognition in Pirahã: Another Look at the Design Features of Human Language", Current Anthropology 46 (2005): 621–646.

关于皮拉罕族和数字：一睹这一争议的最便利的出处是 Andrew Nevins, David Pesetsky, and Cilene Rodrigues, "Pirahã Exceptionality: A Reassessment", Language 85 (2009): 355–404, esp. 384–385, 以及对评估这一问题同样关键的埃弗略特的回应出自：Daniel Everett, "Pirahã Culture and Grammar: A Response to Some Criticisms", Language 85 (2009): 405–442, esp. 424–425.

平克关于雪：Pinker, The Stuff of Thought, 125–126.

有关库库几米特人：Stephen C. Levinson, "Relativity in Spatial Conception and Description", in Rethinking Linguistic Relativity, edited by John J. Gumperz and Stephen C. Levinson, 177–202 (Cambridge: Cambridge University Press, 1996), 180–181.

有关泽尔塔人：Penelope Brown and Steven Levinson, "'Uphill' and 'Downhill' in Tzeltal", Journal of Linguistic Anthropology 3 (1993): 46–74.

桌子实验——对泽尔塔人：Peggy Li and Leila Gleitman, "Turning the Tables: Language and Spatial Reasoning", Cognition 83 (2002): 265–294; 对泽契尔人：Leila Gleitman, Peggy Li, A. Papafragou, C. R. Gallistel, and L. Abarbanell, "Spatial Reasoning and Cognition: Cross-linguistic Studies", University of Pennsylvania Department of Psychology presentation slides, 2005.

日语的实验：Mutsumi Imai and Dedre Gentner, "A Crosslinguistic Study of Early Word Meaning: Universal Ontology and Linguistic Influence", Cognition 62 (1997): 169–200.

语言里有数字或东西的其他族群感觉如何：John A. Lucy, Language Diversity and Thought: A Reformulation of the Linguistic Relativity Hypothesis (Cambridge: Cambridge University Press, 1992), 146.

有关尤卡坦：Lucy, Language Diversity and Thought, 140–141.

关于中文的辩论：Lera Boroditsky, "Does Language Shape Thought? Mandarin and English Speakers' Conception of Time", Cognitive Psychology 43 (2001): 1–22, and David January and Edward Kako, "Re-evaluating Evidence for Linguistic Relativity: Reply to Boroditsky (2001)", Cognition 104 (2006): 417–426.

波洛狄特斯基的回应：Lera Boroditsky, Orly Fuhrman, and Kelly McCormick, "Do English and Mandarin Speakers Think about Time Differently?", Cognition (2010) (online publication).

第二章

沃尔夫关于模式：John B. Carroll, ed., Language, Thought, and Reality: Selected Writings of Benjamin Lee Whorf (Cambridge, MA: MIT Press, 1956), 252.

关于罗塞尔岛语言的评论：Beatrice Grimshaw, Guinea Gold (London: Mills & Boon, 1912), 191–192.

涂尤卡语的示证标记：Janet Barnes, "Evidentials in the Tuyuca Verb", International Journal of American Linguistics 50 (1984): 255–271.

韩国孩子和示证标记：Anna Papafragou, Peggy Li, Youngon Choi, and Chung-Hye Han, "Evidentiality in Language and Cognition", Cognition 103 (2007): 253–299.

示证标记的分布：Martin Haspelmath, Matthew S. Dryer, David Gil, and Bernard Comrie, The World Atlas of Language Structures (Oxford: Oxford University Press, 2005), 316–317.

世界范围的冠词：Frans Plank and Edith Moravcsik, "The Maltese Article: Language-Particulars and Universals", Rivista di Linguistica 8 (1996): 183–212.

新几内亚和贾拉瓦拉关于吃的动词：Alexandra Aikhenvald, "'Eating', 'Drinking', and 'Smoking': A Generic Verb and Its Semantics in Manambu", in The Linguistics of Eating and Drinking, edited by John Newman, 91–108 (Amsterdam: John Benjamins, 1996).

南纳姆特和塔鲁姆特：Allen Johnson and Timothy Earle, The Evolution of Human Societies: From Foraging Group to Agrarian State (Palo Alto: Stanford University Press, 1987).

t 和 d 的不发音：Gregory Guy, "Variation in the Group and the Individual: The Case of Final Stop Deletion", in Locating Language in Time and Space, edited by William Labov, 1–36 (New York: Academic Press, 1980).

有关柏柏尔语：E. Destaing, Vocabulaire Français-Berbère: Étude sur la tachelhît du soûs (Paris: Librairie Ernest Leroux, 1938).

有关哈里森：K. David Harrison, The Last Speakers: The Quest to Save the World's Most Endangered Languages (Washington, DC: National Geographic, 2010), 237–238.

第三章

中文里的你：Susan D. Blum, "Naming Practices and the Power of Words in China", Language in Society 26 (1997): 357–379.

关于民族志传播学的经典文选，包括有关巴拿马的库拿语的文章，出自：Richard Bauman and Joel Sherzer, Explorations in the Ethnography of Speaking (Cambridge: Cambridge University Press, 1974).

关于库拿语的详细论述，而不是如上述出处中仅一篇文章长度的，出自：Joel Sherzer, Kuna Ways of Speaking (Austin: University of Texas Press, 1983).

关于成人对语言的精简，我的这些书里有过讨论：Our Magnificent Bastard Tongue: A New History of English (New York: Gotham Books, 2008) 和 What Language Is (And What It Isn't and What It Could Be) (New York: Gotham Books, 2011). 我也推荐 Peter Trudgill, Sociolinguistic Typology: Social Determinants of Linguistic Complexity (Oxford: Oxford University Press, 2011).

第四章

关于阿楚葛语里的句子：Leonard Talmy, "Semantic Structures in English and Atsugewi", PhD dissertation, University of California, Berkeley, 1972.

沃尔夫关于较不复杂的语言：John B. Carroll, ed., Language, Thought, and Reality: Selected Writings of Benjamin Lee Whorf (Cambridge, MA: MIT Press, 1956), 83.

关于布鲁姆的研究：Alfred H. Bloom, The Linguistic Shaping of Thought: A Study in the Impact of Language on Thinking in China and the West (Hillsdale, NJ: Lawrence Erlbaum, 1981).

对布鲁姆的回应：Terry Kit-Fong Au, "Chinese and English Counterfactuals: The Sapir-Whorf Hypothesis Revisited", Cognition 15 (1983): 155–187; Terry Kit-Fong Au, "Counterfactuals: In Reply to Alfred Bloom", Cognition 17 (1984): 289–302; L. G. Liu, "Reasoning Counterfactually in Chinese: Are There Any Obstacles?", Cognition 21 (1985): 239–270; Donna Lardiere, "On the Linguistic Shaping of Thought: Another Response to Alfred Bloom", Language in Society 21 (1992): 231–251; David Yeh and Dedre Gentner, "Reasoning Counterfactually in Chinese: Picking Up the Pieces", Proceedings of the Twenty-Seventh Annual Meeting of the Cognitive Science Society, edited by B. G. Bara, L. Barsalou, and M. Bucciarelli, 2410–2415 (Mahwah, NJ: Lawrence Erlbaum and Associates, 2005).

关于口语文化及问题：Shirley Brice Heath, Ways with Words: Language, Life, and Work in Communities and Classrooms (Cambridge: Cambridge University Press, 1983).

关于农民及谜题：Alexandr Romanovich Luria, Cognitive Development: Its Cultural and Social Foundations, edited by Michael Cole, translated by Martin Lopez-Morillas and Lynn Soltaroff (Cambridge, MA: Harvard University Press, 1976).

关于东西的性别化：Lera Boroditsky, Lauren A. Schmidt, and Webb Phillips, "Sex, Syntax, and Semantics", in Language in Mind: Advances in the Study of Language and Thought, edited by Dedre Gentner and Susan Goldin-Meadow, 61–79 (Cambridge, MA: MIT Press, 2003).

关于丁卡语的复数：D. Robert Ladd, Bert Remijsen, and Cahuor Adong Manyang, "On the Distinction between Regular and Irregular Inflectional Morphology", Language 85 (2009): 659–670.

关于老挝语的句子：N. J. Enfield, A Grammar of Lao (Berlin: Mouton de Gruyter, 2007), 530.

关于将来时和储蓄率 F：Keith Chen, "The Effect of Language on Economic Behavior: Evidence from Savings Rates, Health Behaviors, and Retirement Assets", Cowles Foundation Discussion Paper no. 1820, Yale University, August 2012.

关于中文和泰语里的量词：Fabian Bross and Phillip Pfaller, "The Decreasing Whorf-effect: A Study in the Classifier Systems of Mandarin and Thai", Journal of Unsolved Questions 2 (2012): 19–24.

第五章

关于黑人英语和逻辑：Carl Bereiter, Siegfried Englemann, J. Osborn, and P. A. Reidford, "An Academically Oriented Pre-school for Culturally Deprived Children", in Pre-school Education Today, edited by Fred M. Hechinger, 105–136 (Garden City, NJ: Doubleday, 1966).

关于简森的主张：Arthur Jensen, "How Much Can We Boost IQ and Scholastic Achievement?", Harvard Educational Review 39 (1969): 1–123.

关于贾拉瓦拉语里的"他们／她们／它们"：R. M. W. Dixon, The Jarawara Language of Southern Amazonia (Oxford: Oxford University Press, 2004), 77–88.

埃伯里关于阿尔冈昆族：Mark Abley, Spoken Here: Travels Among Threatened Languages (Boston: Houghton Mifflin, 2003), 276–277.

关于夜里的马南布语：Alexandra Y. Aikhenvald, The Manambu Language East Sepik, Papua New Guinea (Oxford: Oxford University Press, 2008), 522.

沃尔夫关于霍皮语和会飞的东西：John B. Carroll, ed., Language, Thought, and Reality: Selected Writings of Benjamin Lee Whorf (Cambridge, MA: MIT Press, 1956), 210.

关于知道的动词：Abley, Spoken Here, 48.

第六章

埃伯里关于莫霍克语：Mark Abley, Spoken Here: Travels Among Threatened Languages (Boston: Houghton Mifflin, 2003), 188–189.

威尔逊关于俄语：Lewis A. Dabney, Edmund Wilson: A Life in Literature (New York: Farrar, Straus & Giroux, 2005), 409.

有关卡韦斯卡尔语：Jack Hitt, "Say No More", New York Times, February 29, 2004.

关于视通用代词为性别歧视：Megan M. Miller and Lorie E. James, "Is the Generic Pronoun He Still Comprehended as Excluding Women?", American Journal of Psychology 122 (2009): 483–496.

有关夸萨蒂语：Mary Haas, "Men and Women's Speech in Koasati", in Language in Culture and Society, edited by Dell Hymes, 228–233 (New York: Harper & Row, 1964).

有关克拉克斯语：Francis Ekka, "Men and Women's Speech in Kŭrux", Linguistics 81 (1972): 21–31.

在女性默认的语言里有关妇女的论述：Dan Everett, Language: The Cultural Tool (New York: Pantheon, 2012), 209–210.

关于澳洲的语言和时间：Wade Davis, The World Until Yesterday, by Jared Diamond (book review), The Guardian, January 9, 2013.

关于英语里的 Get：Anna Wierzbicka, English: Meaning and Culture (Oxford: Oxford University Press, 2006), 171–203.

有关 Get 的语言：N. J. Enfield, "On Genetic and Areal Linguistics in Mainland South-east Asia: Parallel Polyfunctionality of 'Acquire'", in Areal Diffusion and Genetic Inheritance, edited by Alexandra Y. Aikhenvald and R. M. W. Dixon, 255–290 (Oxford: Oxford University Press, 2001).

关于海地语里的代词：Amy Wilentz, Farewell, Fred Voodoo (New York: Simon & Schuster, 2013), 82.

关于莱考夫的书本陈述：George Lakoff, Don't Think of an Elephant: Know Your Values and Frame the Debate (White River Junction, VT: Chelsea Green Publishing, 2004).

关于布朗的共性：Donald E. Brown, Human Universals (Philadelphia: Temple University Press, 1991), 130–141.

关于拉祜语里的句子：James A. Matisoff, "Lahu", in The Sino-Tibetan Languages, edited by Graham Thurgood and Randy J. LaPolla, 208–221 (London: Routledge, 2003), 219.

关于萨拉玛肯艺术家：Sally Price and Richard Price, Maroon Arts: Cultural Vitality in the African Diaspora (Boston: Beacon Press, 1999), 132–133. 拉祜语里的月份和睾丸：James A. Matisoff, The Grammar of Lahu (Berkeley: University of California Press, 1973), 147–148.

The Language Hoax by John H. McWhorter
Copyright© Oxford University Press 2014
The Language Hoax was originally published in English in 2014. This translation is published by arrangement with Oxford University Press. New Star Press is solely responsible for this translation from the original work and Oxford University Press shall have no liability for any errors, omissions or inaccuracies or ambiguities in such translation or for any losses caused by reliance thereon.
Simplified Chinese edition copyright:
2023 New Star Press Co., Ltd.
All rights reserved.

图书在版编目（CIP）数据

语言迷宫 / （美）约翰·H. 麦克沃特著；荣雷译 . —— 北京：新星出版社，2023.6
ISBN 978-7-5133-5110-2

Ⅰ.①语… Ⅱ.①约…②荣… Ⅲ.①语言学 - 通俗读物 Ⅳ.① H0-49

中国国家版本馆 CIP 数据核字（2023）第 013250 号

新未来

语言迷宫

［美］约翰·H. 麦克沃特 著；荣 雷 译

责任编辑	杨　猛	监　制	黄　艳
责任校对	刘　义	责任印制	李珊珊
封面设计	冷暖儿		

出 版 人　马汝军
出版发行　新星出版社
　　　　　（北京市西城区车公庄大街丙 3 号楼 8001　100044）
网　　址　www.newstarpress.com
法律顾问　北京市岳成律师事务所
印　　刷　北京美图印务有限公司
开　　本　710mm×1000mm　1/16
印　　张　12.5
字　　数　129 千字
版　　次　2023 年 6 月第 1 版　2023 年 6 月第 1 次印刷
书　　号　ISBN 978-7-5133-5110-2
定　　价　49.00 元

版权专有，侵权必究。如有印装错误，请与出版社联系。
总机：010-88310888　传真：010-65270449　销售中心：010-88310811